WanderWegweiser
Auf Tour
... im Harz

W0324554

Die schönsten Wanderungen

- Rundwanderungen
- Streckenwanderungen
- Naturlehrpfade

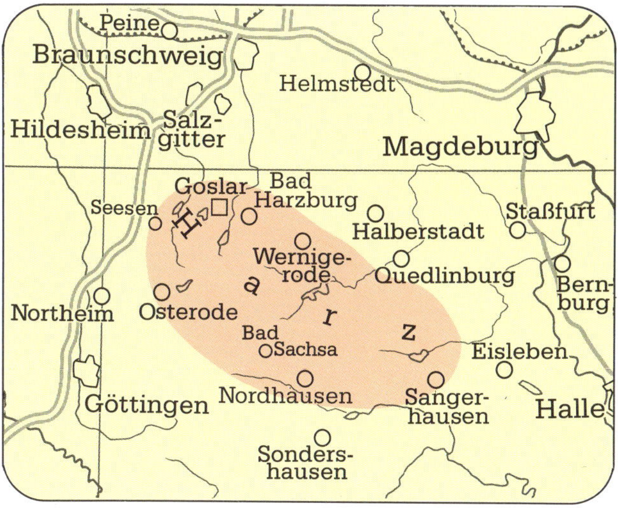

Kompass WanderWegweiser

WanderWegweiser Auf Tour ... im Harz

Ausgewählt, begangen
und beschrieben
von Dr. Richard Goedeke

Deutscher Wanderverlag
Dr. Mair & Schnabel & Co. · Stuttgart

wandern+
radwandern

Die große Wanderbuch-Reihe
für grenzenloses Wandern

Die Wanderungen wurden sehr sorgfältig ausgewählt und beschrieben, eventuelle Schwierigkeiten werden im Text angegeben. Es können jedoch Änderungen an Wegen und Sperrungen vorgenommen werden, die nicht vorhersehbar waren. Bei der Fülle des bearbeiteten Materials sind daher vereinzelte Fehler und Unstimmigkeiten nicht immer vermeidbar. Eine rechtliche Gewähr für die Richtigkeit des Inhalts kann nicht übernommen werden. Für Verbesserungsvorschläge, Anregungen und Kritik sind wir dankbar.

Gesamte Kartographie:
Ing.-Büro Adolf Benjes

Umschlagbild:
Bocksberg-Seilbahn im Sommer
(© Tourist-Information Hahnenklee)
und Bild auf Seite 2:
Lohnendes Ausflugsziel:
Von Bad Lauterberg zum Bismarckturm
(© Harzer Verkehrsverband e.V., Goslar)

8., völlig überarbeitete und neugestaltete Auflage, 2003

ISBN 3-8134-0211-8

Gutenbergstraße 13, D-73760 Ostfildern (Kemnat)
E-mail: kompass@deutscher-wanderverlag.de
www.deutscher-wanderverlag.de

Satz: Fotosatz-Team, D-70771 Leinfelden-Echterdingen
Druck: Roth Offset, D-73277 Owen/Teck
Printed in Germany

Gedruckt auf 100% chlorfrei gebleichtes Papier

Inhalt

Rundwanderungen

Schmalspurbahn (© Harzer Verkehrsverband e.V., Goslar)

Radwandern im Oberharz (© Harzer Verkehrsverband e.V., Goslar)

Thale, Roßtrappe (© Michael Walke)

Stolberg, Fachwerkhäuser in der Innenstadt (© Michael Walke)

Streckenwanderungen

Naturlehrpfade

◀ Bei der Roßtrappe (© Michael Walke)

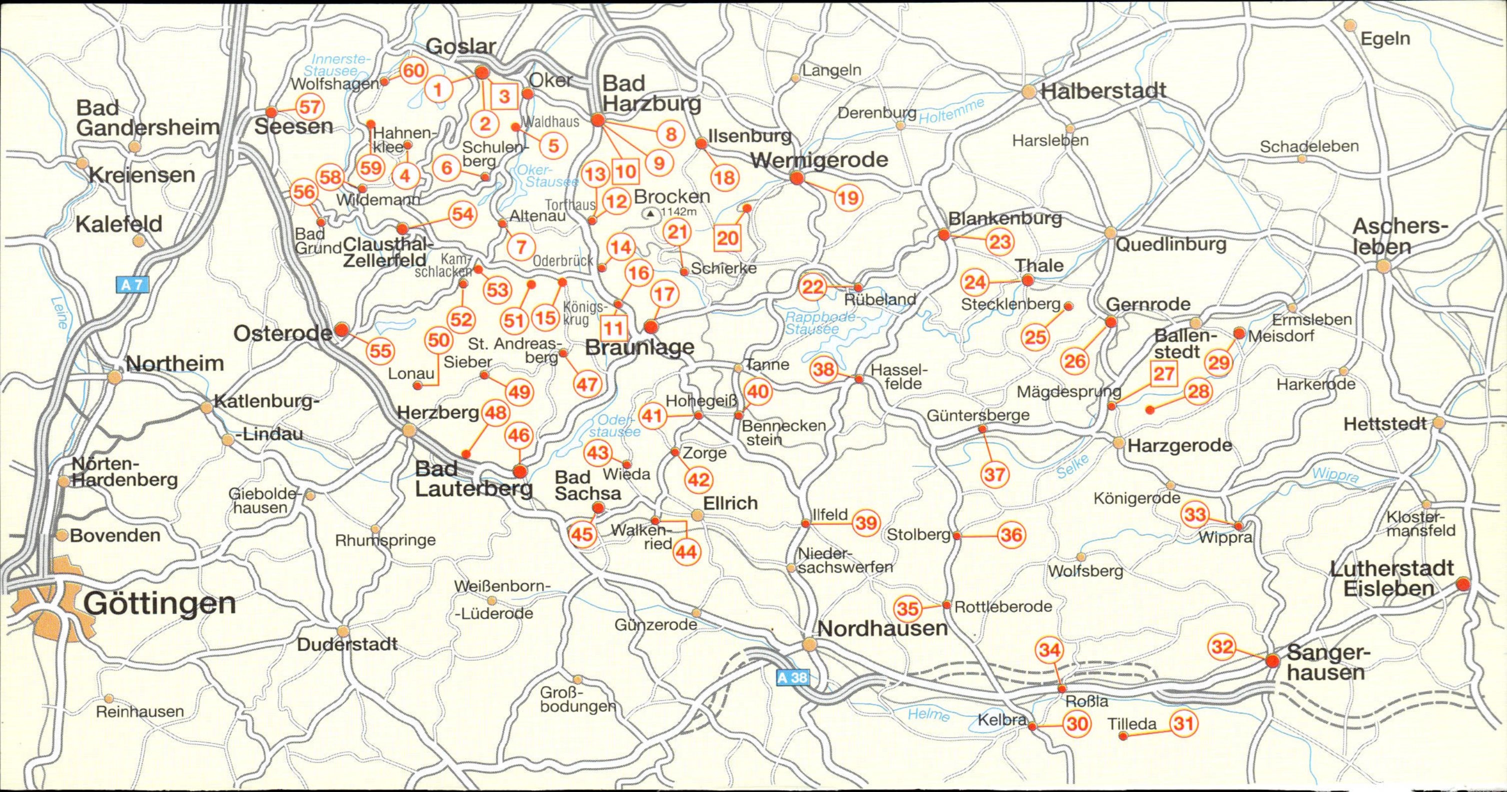
Goslar
Innerste-Stausee
Wolfshagen
Oker
Bad Harzburg
Bad Gandersheim
Seesen
Waldhaus
Hahnenklee
Schulenberg
Kreiensen
Oker-Stausee
Brocken
1142m
Ilsenburg
Wernigerode
Langeln
Derenburg
Holtemme
Halberstadt
Harsleben
Schadeleben
Egeln
Wildemann
Bad Grund
Kalefeld
Clausthal-Zellerfeld
Altenau
Torfhaus
Oderbrück
Schierke
Kamschlacken
Königskrug
A 7
Leine
Osterode
Northeim
St. Andreasberg
Braunlage
Sieber
Lonau
Katlenburg-Lindau
Herzberg
Bad Lauterberg
Nörten-Hardenberg
Giebolde-hausen
Bovenden
Rhumspringe
Göttingen
Weißenborn-Lüderode
Duderstadt
Reinhausen
Groß-bodungen
Günzerode
Oder-stausee
Wieda
Bad Sachsa
Walkenried
Ellrich
Zorge
Hohegeiß
Benneckenstein
Tanne
Rappbode-Stausee
Rübeland
Hasselfelde
Blankenburg
Quedlinburg
Thale
Stecklenberg
Gernrode
Ballenstedt
Meisdorf
Ermsleben
Aschersleben
Mägdesprung
Güntersberge
Harzgerode
Harkerode
Hettstedt
Selke
Wippra
Königerode
Klostermansfeld
Ilfeld
Stolberg
Niedersachswerfen
Wolfsberg
Lutherstadt Eisleben
Rottleberode
Nordhausen
A 38
Sangerhausen
Roßla
Helme
Kelbra
Tilleda
1 2 3 4 5 6 7 8 9 10 11 12 13 14 15 16 17 18 19 20 21 22 23 24 25 26 27 28 29 30 31 32 33 34 35 36 37 38 39 40 41 42 43 44 45 46 47 48 49 50 51 52 53 54 55 56 57 58 59 60

Orts- und Sachverzeichnis

Mit Nummern-Angaben der betreffenden Wanderungen; *schräg*gedruckte Zahlen weisen auf Kurzbeschreibungen im Text hin.

Teufelsmauer (© Anja Schliebitz)

Talsperre im Harz (© Harzer Verkehrsverband e.V., Goslar)

Zur Einführung

– Sattgrüne, würzige Nadelwälder,
– teils auch der natürliche Buchen- und Eichenwald,
– steilhängige, klippengesäumte Täler mit klaren Bächen,
– sanft gewellte, oft moorige Hochflächen,
– verträumte Stauseen, Teiche und Gräben.

Dazwischen Siedlungen aus dicht gedrängten, meist kleinen, oft mit Holz verkleideten Häusern, die nur in den bekannteren Orten hier und da überragt werden von größeren Kirchen und Burgen – oder gelegentlich von großstädtisch wirkenden Betonbauten.

Das zentrale Bergland

Der Brocken als sagenumwobener höchster Gipfel ist das populärste Ziel. Aus dem Umland ist der Berg noch aus weit über 100 Kilometern Entfernung zu sehen und bietet eine umfassende Rundsicht. Es gibt Aufstiege von allen Seiten (Wanderungen 9, 12, 20, 21) und er kann auch mit der Brockenbahn erreicht werden. Jedoch an den anderen Gipfeln über 800 Meter Höhe wie Wurmberg (Wanderung 17), Achtermann (Wanderungen 14, 16), Hohnekamm (Wanderung 20), Bruchberg (Wanderungen 3, 7, 13) und Acker (Wanderungen 3, 50, 51, 52) gibt es gleichfalls eindrucksvolle Szenerien mit Hochmooren, Felsburgen und zerzausten Fichten der Waldgrenze. Die Kernzone des Nationalparks liegt in diesem Bereich, er reicht jedoch bis zum nördlichen und bis zum südlichen Harzrand hinab.

Der nördliche Harzrand

Hier gibt es die größten Höhenunterschiede zwischen dem Vorland und dem herausgehobenen großen Block des alten Gebirges. Hier münden auch die meisten der besonders tiefen, felsigen Täler wie Okertal (Wanderungen 3, 5), Radautal (Wanderung 9), Eckertal (Wanderung 8, 9), Bodetal (Wanderung 24) und Selketal (Wanderung 27, 28, 29). Dem Harzrand parallel vorgelagert verlaufen mehrere schmale Schichtkämme aus Kalk und Sandstein (Teufelsmauer Wanderung 23). Am Harzrand liegen einige ehemals wohlhabende, besonders sehenswerte Städte wie Goslar (Weltkulturerbe; Wanderung 1, 2, 3), Ilsenburg (Wanderung 18), Wernigerode (Wanderung 19), Blankenburg (Wanderung 23), Ballenstedt (Wanderung 27) und nur wenige Kilometer vom Harz entfernt Quedlinburg (Weltkulturerbe).

Die Harzhochfläche
Die im Westharz um 600 Meter hoch gelegene, nur flach gewellte und erst später von Tälern zerschnittene alte Landoberfläche dacht sich nach Osten auf 500 Meter und 400 Meter Höhe ab. Sie ist überwiegend bewaldet, teils als Wiesen und lediglich im Osten auch als Ackerfläche genutzt (Wanderungen 4, 33, 37, 38, 41, 53, 54). An zahlreichen Stellen wurde hier seit dem Mittelalter Bergbau betrieben, der durch die zur Energiegewinnung angelegten Grabensysteme und Teiche das Landschaftsbild geprägt hat und dessen Relikte heute vielerorts Sehenswürdigkeiten und Museumsobjekte sind (Wanderungen 1, 2, 4, 6, 7, 15, 20, 22, 24, 27, 28, 38, 39, 42, 47, 52, 53 54, 56, 58, 59). Auf der Harzhochfläche gibt es nur wenige Städte. Braunlage (Wanderung 17)), Harzgerode (Wanderung 28) und Clausthal-Zellerfeld (Wanderung 54).

Der südliche Harzrand
Er ist nicht so markant ausgeprägt wie der nördliche, erhält jedoch im unmittelbaren Vorland durch den Gipskarst ein eigenes Gepräge (Wanderungen 34, 35, 44, 45, 48, 55, mit Teilen des Karstwanderweges). Auch hier gibt es ehrwürdigalte Städte: Osterode, (Wanderung 55), Herzberg (siehe Wanderung 49), Nordhausen (siehe Wanderung 35), Stolberg (Wanderung 36) und Sangerhausen (Wanderung 32).

Der Kyffhäuser
Dieses dem Harz südöstlich vorgelagerte kleine und gleichfalls geschichtsträchtige Gebirge ist dem Harz in seinen Grundstrukturen ähnlich (Wanderungen 30, 31).

Es werden bewußt nicht nur Wanderungen zu einigen besonders berühmten Zielen vorgestellt, sondern alle Teile des Harzes berücksichtigt.

Gipfel per Bergbahnen, Sonderbus, Gipfelstraße

Hahnenklee – Bocksberg (727 m, Seilbahn)	130 mH
Bad Harzburg – Gr. Burgberg (483 m, Seilbahn)	200 mH
Bad Harzburg – Rabenklippen (560 m, Bus)	250 mH
Bad Harzburg – Kästehaus/Hutberg (601 m, Bus)	320 mH
Wernigerode – Brocken (1142 m, Schmalspurbahn)	900 mH
Braunlage – Wurmberg (971 m, Seilbahn)	370 mH
Thale – Hexentanzplatz (451 m, Seilbahn und Autostraße)	240 mH
Thale – Roßtrappe (403 m, Sessellift und Autostraße)	250 mH
Bad Lauterberg – Hausberg (422 m, Sessellift)	110 mH
Bad Sachsa – Ravensberg (659 m, Autostraße bis Gipfel)	360 mH

1 *Zum Ursprung von Goslars Dächern*
Goslar – Hohekehl – Margaretenklippen – Goslar

Verkehrsmöglichkeiten Bahn bis Goslar. Bus Goslar (Bf.) – Clausthaler Straße – Hohekehl (Bedarfshaltestelle) – Auerhahn – Hahnenklee oder Clausthal-Zellerfeld.
Parkmöglichkeiten In Goslar an der Kaiserpfalz und im Gosetal an Ortsausgang, an der B 241 bei Hohekehl, am Sattel beim Königsberg.
Wegmarkierungen Zuerst keine, ab Margaretenklippen bis vor den Königsberg rot, dann blau.
Tourenlänge 10,5 Kilometer. **Wanderzeit** 4 Stunden.
Höhenunterschiede Insgesamt 300 Meter. An den Margaretenklippen auf 40 Meter steiler Aufstieg.
Wanderkarte 1:50 000 Wandern im Westharz.
Anmerkung Diese im ersten Teil kulturhistorisch interessante Wanderung kann auch als Streckenwanderung zum oder vom Parkplatz Hohekehl durchgeführt werden, der nur 100 Meter von der Bedarfshaltestelle der Buslinien entfernt an der Bundesstraße 241 liegt. In Goslar Jugendherberge.
Wissenswertes *Goslar* wurde 922 von Heinrich I. gegründet und war im Mittelalter Kaiserstadt, später freie Reichs- und Hanse-

stadt, jetzt auch, ebenso wie in Quedlinburg als Weltkulturerbe anerkannt. Zahlreiche alte Baudenkmäler (u. a. Kaiserpfalz, Rathaus, Zwinger. Börse, viele intakte Straßenzüge mit alten Fachwerkhäusern). Im Mönchehaus modernes Kunstmuseum. Die stadteigenen Schiefergruben (devonische Tonschiefer) lieferten das Material für einen großen Teil der Hausdächer der Stadt.

Die *Alte Harzstraße* war Teil der mittelalterlichen Handelsstraße Goslar – Clausthal-Zellerfeld – Osterode. Da die Straßen damals nicht befestigt waren, wurden sie vor allem an Steigungen auch vom Regenwasser zu Hohlwegen ausgewaschen und mußten oft in ihrer Linienführung verlegt werden.

Tourenbeschreibung Von der *Kaiserpfalz Goslar* über Kaiserbleek – Liebfrauenberg – Neue Straße zur *Klaus-Kapelle* und am Nonnenberg vorbei ins *Gosetal.* Entlang der Clausthaler Straße (B 241) weiter. Nach etwa 10 Minuten zweigen rechts hinter einem kleinen Gehölz die Alte Harzstraße und die Straße zum Hessenkopf ab. Auf der Alten Harzstraße am Wiesenhang wenig ansteigend in einer Viertelstunde zur *Ratsschiefergrube* (teilweise wieder bewaldetes ehemaliges Steinbruchgelände, hübscher Platz für Kinder zum Spielen). Vor dem Steinbruchgelände links etwa 150 Meter auf Asphaltstraße hinab, dann rechts am Fuß einer alten Schieferhalde über kleinen Bach und auf dem Kehlweg links wenig ansteigend am Hang entlang über dem Gosetal um den Hohekehl-Berg herum zum *Parkplatz Hohekehl* (2 Std. von der Kaiserpfalz).

Goslar, Kaiserpfalz (© KFG Goslar-Hahnenklee mbH)

Hier erreicht man wieder die Alte Harzstraße (die südlich über den Bergrücken weiterführt zum Auerhahn). Rechts auf der asphaltierten Straße (links im Wald alte Hohlwege) in 7 Minuten zum Wegekreuz bei der ehemaligen *Schiefergrube Glockenberg* (hier kommt von rechts die Alte Harzstraße herauf). Nun auf dem Weg schräg links absteigend am Hang der flachen Bergkuppe hinab, bis man nach etwa 10 Minuten auf einen von links heraufkommenden Wanderweg trifft (Markierung roter Punkt). Diesen rechts ansteigend hinauf zu den am Hang über dem Granetal gelegenen *Margaretenklippen* (Kramenzelkalk). Von hier auf dem Taubenstieg weiter am Hang des Hessenkopfes entlang (Blick zur Grane-Talsperre) zum Parkplatz in der Einsattelung zwischen Weinberg und Königsberg. Auf der Straße etwa 300 Meter in gleicher Richtung weiter, dann rechts auf Fußweg zum *Nonnenberg* und zurück zur *Kaiserpfalz Goslar* (1¾ Std. vom Parkplatz Hohekehl).

2 *Über das Wahrzeichen der Kaiserstadt*
Goslar – Rammelsberg – Brautstein-Sattel – Hahnenberg-Sattel – Goslar

Verkehrsmöglichkeiten Bahn bis Goslar. Stadtbus.
Parkmöglichkeiten Vor der Erzaufbereitung Bollrich.
Wegmarkierungen Bis Sattel Sydekum/Dicker Kopf Dreieck mit grünem Punkt. Bis Sattel Dicker Kopf/Brautstein und ab Sattel Brautstein/Hahnenberg bis Goslar gelbes Dreieck.
Tourenlänge 13 Kilometer.
Wanderzeit Etwa 4½ Stunden.
Höhenunterschiede Insgesamt 410 Meter. Teils steiler Aufstieg von Goslar (320 m) bis Ramseck (565 m).
Wanderkarte 1:50 000 Wandern im Westharz.
Anmerkung Lange, schöne Wanderung, ab Ramseck in ruhigen Kammbereichen. Der Weg führt dabei jeweils dicht unter den Gipfelkuppen von Sattel zu Sattel. Man kann die Tour vorzeitig abbrechen, indem man 100 Meter vor der Waldschrat-Hütte links den Windeweg hinabgeht (dann insgesamt 7 km, 2½ Std.).
Wissenswertes Im *Rammelsberg* wurden bis 1988 über 1000 Jahre lang Blei-, Zink-, Kupfer-, Silber- und andere Erze abgebaut. Die Erze sind hier Ablagerungen der Devonzeit, etwa 370 Millionen Jahre alt. Die Bergwerksanlagen liegen hinter dem Maltermeisterturm, in dessen Nachbarschaft der Wetterschacht (Entlüftungsschacht) des Bergwerkes mündet. Weitere Einzelheiten über den Erzbergbau siehe Heimatmuseum Goslar und Bergwerksmu-

Fachwerk in Goslar (© Klaus Thiele)

seum Rammelsberg. – Der Rammelsberg ist beliebter Startplatz für Drachenflieger. Die flachen Gipfelkuppen von Rammelsberg, Sydekum, Dickem Kopf und Eichenberg sind Reste einer alten, relativ ebenen Landoberfläche (»Rumpffläche«), die nach der Heraushebung des Harzes aus seiner Umgebung (vor etwa 140 Millionen Jahren) nach und nach durch Talbildung zerschnitten wurde. Besonders auf den Gipfelkuppen leidet der Wald unter der Luftverschmutzung, durch hochkonzentrierten sauren Nebel noch mehr als durch sauren Regen sowie die dadurch mobilisierten Schwermetalle.

Tourenbeschreibung Am Südwestausgang der Altstadt von *Goslar* am oberen Ende der Bergstraße von der *Klaus-Kapelle* (Bergmannskapelle, 12. Jh.) über die Clausthaler Straße und auf steilem Fußweg in wenigen Minuten zur Jugendherberge. Nun weniger steil entlang der Asphaltstraße zum Waldrand, links der Straße im Kiefernwäldchen auf Fußweg, weiter oben die Straße noch einmal queren und zuletzt steil am Wetterschacht des Bergwerkes vorbei zum *Maltermeisterturm* (um 1500 erbaute Bergwerksanlage, jetzt Gaststätte, Parkplatz am Ende der Straße).

Vom Maltermeisterturm links den breiten Weg etwa 100 Meter abwärts, dann rechts auf ansteigendem Weg am Hang empor. Nach etwa einem Kilometer rechts auf dem Bergrücken (blauer Punkt) den Weg hinauf zum *Ramseck* (Schutzhütte und Geländer, schöne Aussicht auf Goslar und Umgebung). Auf dem breiten, ebenen Weg etwa 150 Meter zurück, dann auf schmalem Pfad über den grasigen Hang hinauf zum *Rammelsberg-Gipfel* (15 Minuten vom Ramseck, Aussicht, Drachenflieger-Startplatz).

Vom Gipfel auf breitem Weg rechts über den Bergrücken zum Sattel, danach über eine weitere Kuppe und schließlich hinab zum Wegekreuz und zur *Waldschrat-Hütte* am Wegekreuz auf dem Sattel zwischen Rammelsberg und Sydekum. Der Markierung folgend links am Osthang unter der flachen Kuppe des Sydekum ansteigend zum Sattel zwischen Sydekum und Dickem Kopf. Nun links (grüner Punkt), bei Weggabelung wieder links weiter in Richtung Romkerhalle und Oker, bei weiterer Weggabelung abermals links in Richtung Oker (gelbes Dreieck) zum Sattel zwischen Dickem Kopf und Brautstein *(Auerhahnplatz).*

Nun nicht weiter der Markierung folgen, sondern geradeaus auf dem Weg über den Bergrücken etwas ansteigend zu einem Wegekreuz vor der Gipfelkuppe des *Brautsteins.* Nun den Weg rechts

Goslar, Rathaus mit Marienkirche (© KFG Goslar-Hahnenklee mbH)

weiter, zuerst durch hohen Wald, später mit schönem Blick ins Okertal unter den Gipfelkuppen von Brautstein und Gelmkeberg vorbei und nach diesem scharf rechts auf Forstweg rasch hinab zum *Tanzplatz* (Wegegabelung). Hier scharf links, jetzt wieder mit gelber Markierung, zum Sattel zwischen Gelmkeberg und Hahnenberg und danach am Osthang des Hahnenberges abwärts (schöner Blick auf Oker) zum *Forsthaus Großes Ammental.*

Entlang der Asphaltstraße in Richtung Goslar. An der Mündung des *Kleinen Ammentales* vorbei und bei der Biegung danach rechts auf Fußweg geradeaus hinab in den Grund des *Gelmketales.* Jenseits wieder hinauf zur Asphaltstraße und zum Gebäude der *Erzaufbereitung* Bollrich. Nahe dem Waldrand weiter und zuletzt hinab zur Jugendherberge und nach *Goslar.*

3 *Ein Stück Europäischer Fernwanderweg*
Goslar – Okertal – Altenau – Ackerstraße – Sieber – Großer Knollen – Scharzfeld

Verkehrsmöglichkeiten Bahn bis Goslar und Scharzfeld, auch bis Herzberg. Bus Goslar – Oker – Altenau; Clausthal-Zellerfeld – Stieglitzecke – Braunlage; Sieber – Herzberg.
Parkmöglichkeiten Im Okertal, in Altenau, an der Stieglitzecke, in Sieber, am Bahnhof Scharzfeld.
Wegmarkierungen Weißes Kreuz auf dunklem Grund.
Tourenlänge 46 Kilometer.
Wanderzeit Insgesamt 12–15 Stunden.
Höhenunterschiede Insgesamt etwa 1170 Meter. Steiler Aufstieg aus dem Birkental (etwa 100 m Höhenunterschied) und von Sieber zur Knollenstraße (etwa 200 m Höhenunterschied).
Wanderkarte 1:50 000 Wandern im Westharz.
Anmerkung Diese Wanderung gibt einen guten Einblick in die ganze landschaftliche Vielfalt des Harzes und verläuft teilweise durch den Nationalpark. Sie wird am günstigsten in 3 Etappen mit Übernachtungen in Altenau und Sieber durchgeführt. Die interessantesten Teilstücke sind auch in anderen beschriebenen Wanderungen enthalten.

Tourenbeschreibung Vom Bahnhof *Goslar* durch die Stadt zur *Kaiserpfalz,* dann links hinauf zur *Erzaufbereitung Bollrich.* Nun entlang dem Waldrand zum *Forsthaus Großes Ammental.* Bei Gabelung den unteren Weg weiter ins *Okertal* zum *Waldhaus.* Wie bei Wanderung 7 nach Romkerhalle (2½ Std. von Goslar). Auf der Talstraße unter der *Rabowklippe* entlang zum *Großen Birkental.*

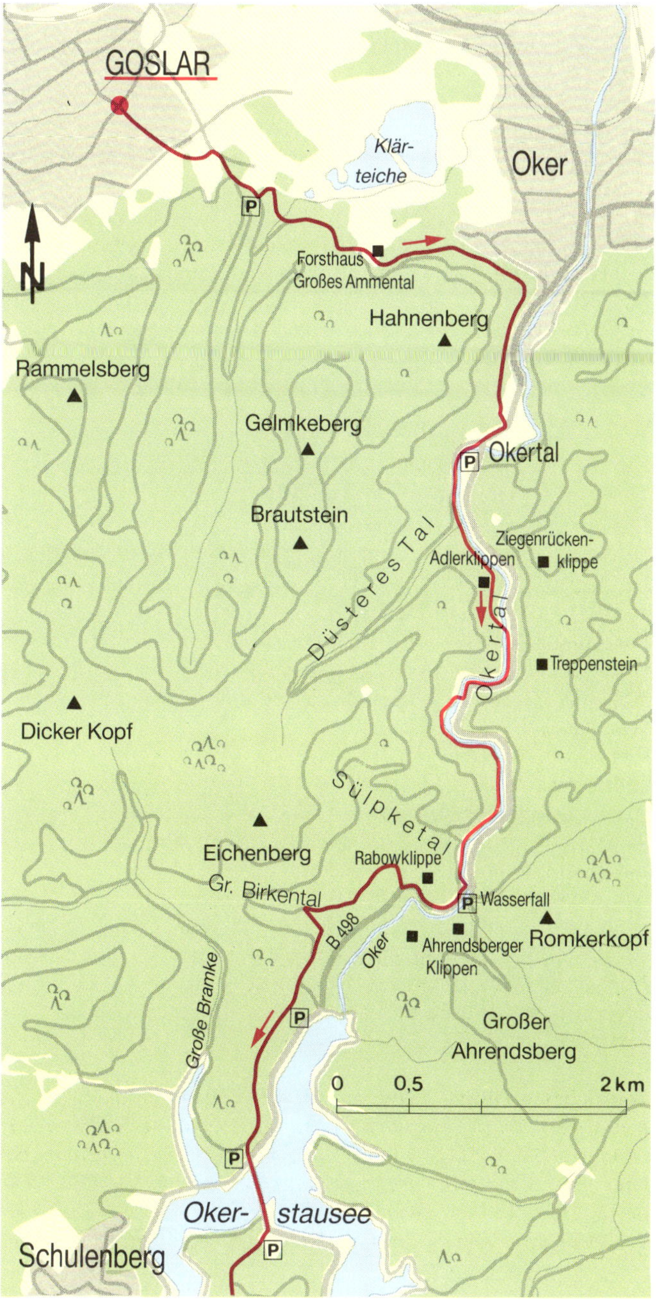
GOSLAR
Klär-
teiche
Oker
N
Forsthaus
Großes Ammental
Hahnenberg
Rammelsberg
Gelmkeberg
Okertal
Brautstein
Düsteres Tal
Ziegenrücken-
klippe
Adlerklippen
Okertal
Treppenstein
Dicker Kopf
Sülpketal
Eichenberg
Rabowklippe
Gr. Birkental
Wasserfall
Romkerkopf
B 498
Oker
Ahrendsberger
Klippen
Große Bramke
Großer
Ahrendsberg
0
0,5
2 km
Oker-
stausee
Schulenberg

Schulenberg
im Oberharz
Oker-
stausee
Kleiner
Ahrendsberg
Mittelschulen-
berg
Dietrichsberg
Ochsenberg
B 498
Sageholzkopf
Schwarzes
Wasser
Altenau
Schultal
Schwarzenberg
Rothenberg
Kunstberg
Hüttenteich
Grabenhaus Rose
Fohlenbrink
Große
Oker
Staatsforst
Schusterklippe
Branderklippe
Altenau
B 242
Magdeburger Hütte
Stieglitz-
ecke
0
0,5
2 km
N

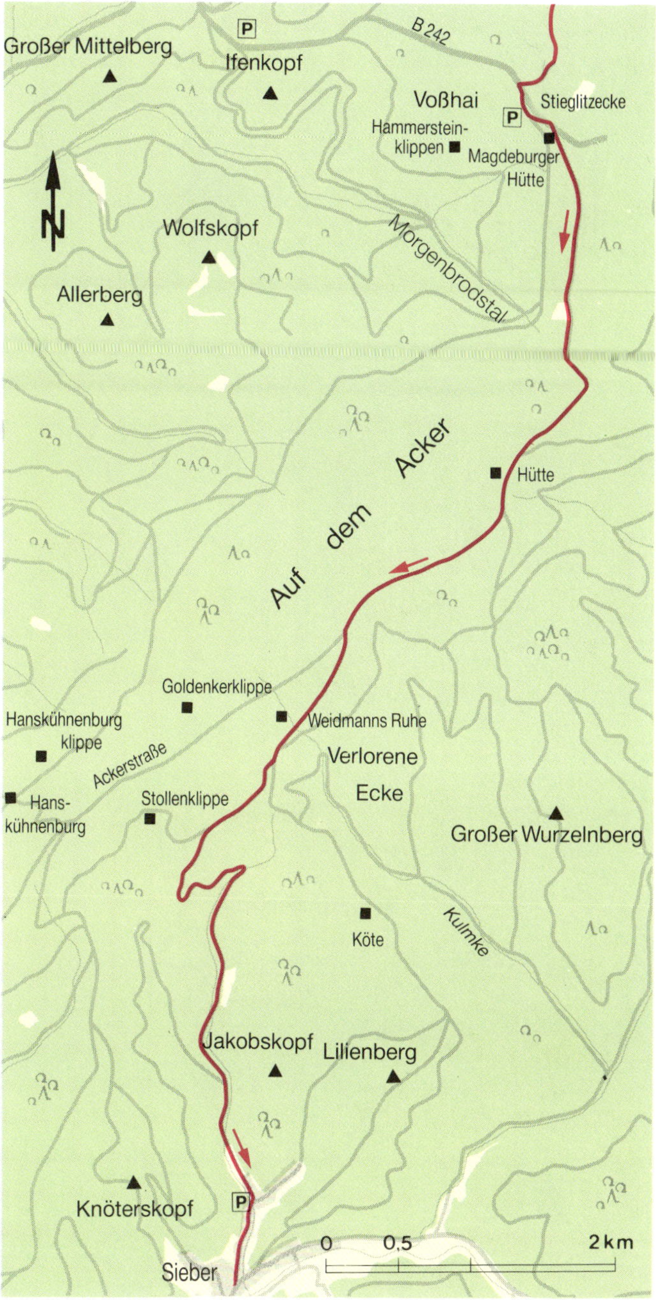

B 242
Großer Mittelberg
Ifenkopf
Voßhai
Stieglitzecke
Hammerstein-
klippen
Magdeburger
Hütte
N
Wolfskopf
Morgenbrodstal
Allerberg
Auf dem Acker
Hütte
Goldenkerklippe
Hanskühnenburg
klippe
Weidmanns Ruhe
Verlorene
Ecke
Ackerstraße
Hans-
kühnenburg
Stollenklippe
Großer Wurzelnberg
Köte
Kulmke
Jakobskopf
Lilienberg
Knöterskopf
Sieber
0
0,5
2 km

Sieber
Breitentalskopf
P
Langfast
Sieber
Steintal
N
Adlersberg
Siebertal
Höxterberg
Grafenforst
Großer Knollen
AT
Hübichentals-
köpfe
Kleiner Knollen
Eichelnkopf
Büstenkopf
Großer Ruhenberg
Staatsforst
Göttinger Hütte
Herbst-
berg
Kupferhütte
Brand-
köpfe
nach Herzberg
P
Scharzfeld
DJH
Frauenstein
Ruine Scharzfels
B 27
P
Oder
Bahnhof
Aue
nach Bad Lauterberg

Dieses hinauf bis zu altem Steinbruch. Rechts davon steil ansteigen und am Hang des *Mulltalkopfes* entlang zum *Okerstausee.* Über die Straßenbrücke und rechts gemeinsam mit der Markierung grüner Punkt zur *Ewigkeitsschneise* am Kamm des *Dietrichsberges.* Nach etwa 1,5 Kilometern auf der Schneise führt der Weg links weiter nach *Altenau* (von Goslar 18,2 km, 390 Meter Höhenunterschied Anstieg, etwa 4–5 Std.).

Vom Ortsausgang *Altenau* in Richtung Dammhaus, links zum *Grabenhaus Rose* und an der *Branderklippe* vorbei zur B 242 (1¾ Std.). Entlang der Harzhochstraße etwa 500 Meter nach links bis *Stieglitzecke*. Dann rechts auf der Ackerstraße etwa 3,5 Kilometer weiter, dann links die Forststraße hinab durch das *Schmelzertal* nach *Sieber* (von Altenau 15,8 km, 350 Meter Höhenunterschied, 4–5 Std.).

Von *Sieber* wie Wanderung 49 auf den *Großen Knollen* und nun zunächst hinab in Richtung Bad Lauterberg, hinter dem Hübichentalskopf rechts am Hang des *Bremketales* hinab und zur *Ruine Scharzfels.* Hinab zum *Bahnhof Scharzfeld* (von Sieber 12 km, 430 Meter Höhenunterschied, 3½–4½ Std.).

Okerstausee (© Harzer Verkehrsverband e.V., Goslar)

4 *Teichidylle neben Stabkirche und Bocksberg*
Hahnenklee – Zankwieser Teich – Zellerfelder Kunstgraben – Hahnenklee

Verkehrsmöglichkeiten Bahn bis Goslar. Bus Goslar – Kreuzeck – Hahnenklee und Goslar – Kreuzeck – Erbprinzentanne – Clausthal.
Parkmöglichkeiten Bei Stabkirche Hahnenklee. Am Kreuzeck. Am Großen Kellerhalsteich.
Wegmarkierungen Von Hahnenklee bis kurz vor den Zankwieser Teich blaues x, Zankwieser Teich bis Schrötersbacher Teich blauer Punkt. Kunstgraben bis Hahnenklee roter Punkt.
Tourenlänge 10,5 Kilometer. **Wanderzeit** Etwa 3 Stunden.
Höhenunterschiede Insgesamt 170 Meter. Steiler Abstieg vom Kunstgraben (560 m) ins Spiegeltal (500 m), mäßig steiler Aufstieg vom Spiegeltal nach Bockswiese.
Wanderkarte 1:50 000 Wandern im Westharz.
Anmerkung Landschaftlich abwechslungsreich, bequeme Wege. Lohnend auch Kurzwanderung Whs. Auerhahn – Schalke (Hochmoor) und Ausflug auf den Bocksberg (Seilbahn).
Wissenswertes Der ehemalige Bergwerksort *Hahnenklee* begann sich schon 1882 auf Fremdenverkehr umzustellen. Die Gustav-Adolf-Kirche ist die einzige Stabholz-Kirche der Bundesrepublik (erbaut 1908, Innenkonstruktion ohne Schrauben und Nägel!). Informationen über Wald und früheren Bergbau am Heimatkundlichen Lehrpfad rund um Bockswiese. Das Graben- und Teichsystem wurde erbaut, um Wasser zu den Wasserrädern der Bergwerks- und Hüttenanlagen im Spiegeltal und bei Bockswiese zu führen.

Tourenbeschreibung Von der Stabkirche in *Hahnenklee* mit der Markierung blaues Kreuz hinab zum *Bocksberger Graben* und daran entlang zum *Mittleren Grumbacher Teich.* Über den Damm und hinauf zur Autostraße. Nach ihrer Überquerung links unterhalb der Straße weiter und nach 1 Kilometer auch über die Bundesstraße 241. In gleicher Richtung, dann links umbiegend entlang einem alten Graben zum *Großen Kellerhalsteich.* Nach Überschreitung des Dammes in gleicher Richtung weiter am Graben entlang.

Nach etwa 300 Metern bei Brücke rechts hinab zum *Zankwieser Teich.* Auch über diesen Teichdamm, an seinem Ende rechts hinab und scharf rechts (blauer Punkt) durch dichten Wald zum *Kiefhölzer Teich.* Wieder über den Damm. Nach etwa 400 Metern zweigt kurz vor einem Hochspannungsmasten scharf rechts ein Weg ab.

Blick über die Kurteiche zum Bocksberg (© KFG Goslar-Hahnenklee mbH)

Stabkirche (© KFG Goslar-Hahnenklee mbH)

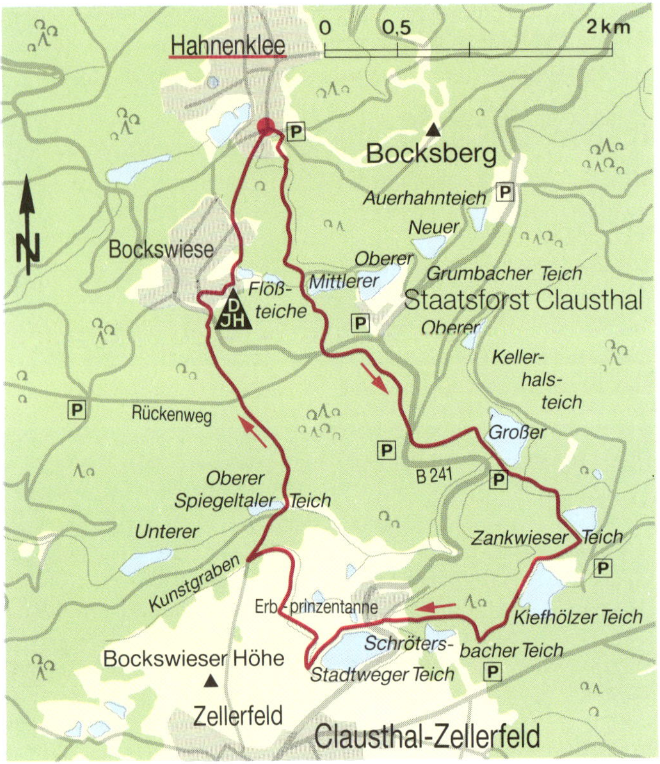

Er führt in einem Bogen nach links, am *Schrötersbacher Teich* vorbei zum Heim *Erbprinzentanne.* Links daran vorbei zur Straße, darauf 100 Meter rechts und über den Damm des *Stadtweger Teiches* zum wenig oberhalb gelegenen *Zellerfelder Kunstgraben.* An diesem entlang rechts. Nach etwa 1 Kilometer kreuzt ein von Zellerfeld über die Bockswieser Höhe von links herabführender Weg den Graben. Mit diesem Weg (roter Punkt) rechts steil hinab zum *Oberen Spiegeltaler Teich,* am jenseitigen Talhang wieder hinauf und über *Bockswiese* nach *Hahnenklee.*

5

Quadratmeile der Geologie und Kletterparadies

Waldhaus – Adlerklippen – Romkerhalle – Kästeklippen – Ziegenrückenklippe – Waldhaus

Verkehrsmöglichkeiten Bahn bis Goslar oder Oker. Bus Goslar – Oker – Waldhaus – Romkerhalle – Altenau. Von der Straße hinter dem Kästehaus verkehrt zeitweilig auch ein Bus nach Bad Harzburg.
Parkmöglichkeiten Am Waldhaus (nur für Gäste) und bei Romkerhalle.
Wegmarkierungen Waldhaus bis Romkerhalle rotes Dreieck und weißes Kreuz (Europäischer Fernwanderweg). Hinweisschilder.
Tourenlänge 10 Kilometer.
Wanderzeit 3–4 Stunden.
Höhenunterschiede Insgesamt 380 Meter. Steiler Aufstieg von Romkerhalle (330 m) zur Feigenbaumsklippe (580 m).
Wanderkarte 1:50 000 Wandern im Westharz.
Anmerkung Eine der reizvollsten Wanderungen des Harzes überhaupt. An schönen Tagen ist allerdings im Talgrund mit Verkehrslärm zu rechnen. Man kann von Romkerhalle auch auf dem 50 Meter links des Wasserfalls von der Autostraße abzweigenden Hangweg Alte Harzchaussee zum Waldhaus zurückkehren (dann 7,5 km, nur 100 mH) oder mit dem Bus zurückfahren.
Wissenswertes Das *Okertal* ist Kernstück der »klassischen Quadratmeile der Geologie«, in der Gesteine aus allen Erdzeitaltern vorkommen. Vor etwa 300 Millionen Jahren ist hier glutflüssiges Tiefengestein aufgestiegen und unter einem Mantel von Schichtgesteinen langsam zu grobkristallinem Granit erkaltet. Dabei wurde das Deckgebirge durch Hitze und Stoffzufuhr zu besonders hartem Hornfels umgewandelt (Kontaktmetamorphose; vgl. z.B. die gefalteten Devonkalke am Wasserfallfelsen). Die Kontaktgrenze zwischen Granit und Hornfels ist besonders gut zu erkennen am Nordufer der Oker 50 Meter westlich der Marienwand. Die bizarren Felsgrate und Türme der Okertalklippen blieben besonders dort stehen, wo die Maschenweite zwischen den Klüften im Fels größer war. Die chemische Verwitterung zersetzte das Gestein von den wasserführenden Klüften her und schuf so im Granit die charakteristische abgerundete Form der Felsen (Wollsackverwitterung). Sie sind beliebte Kletterziele der norddeutschen Bergsteiger. In den letzten Jahren wurden einige der in letzter Zeit stark von Fichten verschatteten Felsmassive freigestellt.

Oker wurde 1527 von Herzog Heinrich dem Jüngeren als Hüttendorf gegründet und war bis vor kurzem noch reine Industriesiedlung. Die giftigen Schwermetallemissionen und -ablagerun-

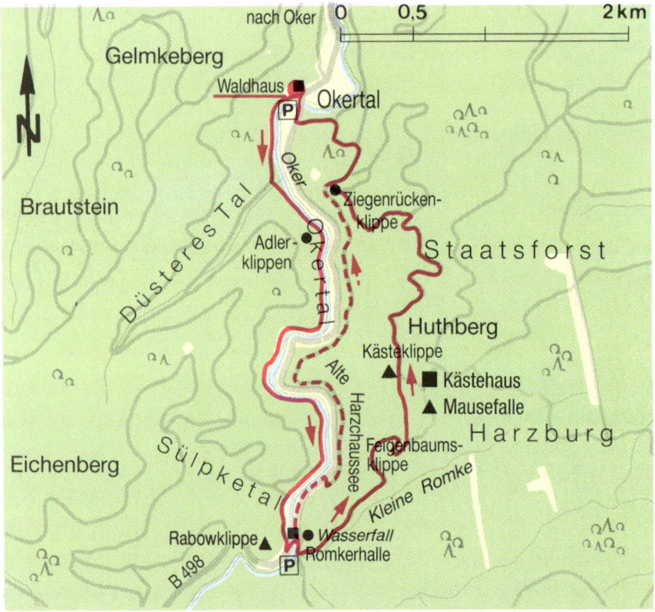

gen waren ein ernstes gesundheitliches Problem für die Anlieger, das jedoch durch die Stillegung der Hütte und durch Abdecken und Begrünen der Schlackehalden entschärft werden konnte. Auch wurde bei den Ableitungen von Wasser für einige Kleinkraftwerke die Restwassermenge im Okerbett etwas erhöht.

Tourenbeschreibung Vom *Waldhaus* rechts des Baches auf dem Wanderschutzweg taleinwärts, an der Mündung des *Düsteren Tales* vorbei, etwas ansteigend zu den *Adlerklippen* (Geländer und Stufen) und dann abwärts zum Bach zurück. Über die Brücke und an der Straße entlang (rechts gegenüber der Schlafende Löwe, weiter oben die Uhuklippe) bis hinter die Brücke zur Fabrik. Danach wieder auf Fußweg rechts unterhalb der Straße am Bachbett entlang (gegenüber Wasserfels und Dülferklötze). Wieder hinauf zur Straße, der man nun über eine Biegung folgt (gegenüber oberhalb von einem Wehr die bei Kletterern besonders beliebte Marienwand) bis zur Sperrmauer der *Unteren Talsperre.*

Über die Mauerkrone hinweg. Am Westufer weiter zur *Celler Insel* (Blick zu den Kästeklippen). Nach nochmals 10 Minuten entlang der Wildwasserstrecke, zuletzt über Fußgängerbrücke, nach *Romkerhalle* (Gaststätte »kleinstes Königreich der Welt«, 70 m hoher Wasserfall über Felsen aus Devonkalk).

Romkerhaller Wasserfall (© Klaus Thiele)

Rechts vom Wasserfall den stark ausgelaufenen Weg im Talgrund und bald links ansteigend aufwärts zu Forststraße. Diese kurz nach rechts und dann den Schildern nach den Weg in Richtung Käste hinauf, mit Ausblicken ins Tal, zur *Feigenbaumsklippe* (Geländer, Aussicht). An weiteren Felsen vorbei zur *Mausefalle* (großer Granitblock, der auf einer Seite nur von einer aufregend dünnen Felsschwarte abgestützt wird). Der Weg führt fast ohne Steigung weiter an der Klippe *Hexenküche* vorbei zum *Kästehaus* (Gaststätte). Von hier lohnender Abstecher zum nahen Gipfel des *Huthberges* mit der *Kästeklippe* (Geländer, Blick ins Harzvorland; an der Nordseite die gesichtsähnliche Felsbildung »der Alte vom Berge«).

Zurück zur Zufahrt zum Kästehaus und links rasch zu Forststraße. Diese links hinab auf dem Bergmannsweg zu einer markanten Haarnadelkurve (von hier links lohnender Abstecher über den Romker Forstweg und einen Stichweg auf den markanten Treppenstein, 15 Min mehr). Nach der Haarnadelkurve quert der Bergmannsweg nach rechts ein Tal und erreicht danach einen markanten Bergsporn. Hier links abzweigen und einen schmaleren Weg hinab zur *Aussichtskanzel Okertalblick* (Geländer) und zum Fuß der *Ziegenrückenklippe.* Den Weg hinab zu breiterer Forststraße und diese weiter. Zuletzt nahe dem Talgrund nach links abzweigen zurück zum *Waldhaus.*

6 *Einladung zur Schatzsuche*
Schulenberg – Riesenbachtal (Waldlehrpfad) – Festenburg – Schalker Teich – Oberschulenberger Halden – Schulenberg

Verkehrsmöglichkeiten Bahn bis Goslar. Bus Goslar – Oker – Schulenberg – Oberschulenberg – Clausthal-Zellerfeld.
Parkmöglichkeiten Zwischen Schulenberg und Riesenbachtal.
Wegmarkierungen Von Schulenberg im Riesenbachtal Lehrpfadhinweise. Wegweiser.
Tourenlänge 8 Kilometer. **Wanderzeit** Etwa 2½ Stunden.
Höhenunterschiede Insgesamt 200 Meter. Steiler Aufstieg von den Erzhalden zum Forstweg (50 m).
Wanderkarte 1:50 000 Wandern im Westharz.
Anmerkung Besonders lehrreiche Wanderung. Am Lehrpfad (Biologie und Ökologie) mit Hinweisen, danach (Geologie, Mineralogie) zum Selbstentdecken.
Wissenswertes Der heutige Ort *Schulenberg* entstand erst 1954 auf dem sonnigen Hang des Wiesenberges, nachdem das alte, im

Tal gelegene Unterschulenberg bei der Anlage des Okerstausees verlassen werden mußte. Entlang einer Verwerfung, die von Bockswiese über Festenburg nach Schulenberg reicht, haben sich in dem Spaltensystem aus heißen Lösungen und Dämpfen Zinkblende, Pyrit und Bleiglanz (= silberhaltiges Bleierz) abgesetzt. Der Erzbergbau wurde hier bis in das 19. Jahrhundert betrieben. Als Spuren sind neben dem Schalker Teich vor allem der Rest des Oberschulenberger Erzganges und die Oberschulenberger Abraumhalden zu erwähnen. Die devonischen Kalk- und Kalksandsteinschichten in der Umgebung des Schalker Teiches enthalten zahlreiche Fossilien.

Tourenbeschreibung Vom Parkplatz an der Einmündung der Straße von *Schulenberg* in Richtung Clausthal auf die Ortsumgehungsstraße und am Ufer des Okerstausees etwa 100 Meter nach Westen. Nun im Tal des *Riesenbaches* dem Waldlehrpfad folgen (nach etwa 30 Min. Waldmuseum). Der Lehrpfad leitet später im Tal des *Silberbaches* aufwärts, führt dann mit dem Goslarer Stadtweg links hinab zum *Hubertusplatz* (Hubertusquelle) und weiter nach *Festenburg.* Nun links hinab zum *Schalker Teich.* Nach Überschreiten des Dammes auf kleiner Asphaltstraße 100 Meter nach rechts, dann links Hangweg (früher Graben) folgen.

Nach etwa 10 Minuten stößt man am Urbaner Weg auf die Reste des *Oberschulenberger Erzganges* (50 m rechts unterhalb davon der Lochstein). In gleicher Höhe wie vorher den Resten des Grabens folgend auf schmalem Weg nach weiteren 10 Minuten zum oberen Ende der Abraumhalden (Aussicht, Mineralien).

Dem Graben weiter folgen, bis kurz vor seinem Ende ein Weg rechts hinabführt. Den Schildern »Wasserwanderweg« folgend auf Hangweg zurück nach *Mittelschulenberg* und zum Ausgangspunkt.

7 *Zum Berg der großen Moore*
Altenau – Baumannweg – Wolfswarte – Steile Wand – Dammgraben – Altenau

Verkehrsmöglichkeiten Bahn bis Goslar. Bus Goslar – Altenau und Clausthal-Zellerfeld – Altenau. Auch Bus Altenau – Steile Wand – Torfhaus.
Parkmöglichkeiten Unterhalb vom Mühlenberg, an der Abzweigung der Straße nach Torfhaus.
Wegmarkierungen Hinweisschilder.
Tourenlänge 13,5 Kilometer.
Wanderzeit Etwa 4 Stunden.
Höhenunterschiede Insgesamt 450 Meter. Nur mäßig steile Anstiege. Teilweise steiler Abstieg vom Ende des Magdeburger Weges zum Dammgraben (auf 70 m).
Wanderkarten 1:50 000 Wandern im Westharz.
Anmerkung Lange Wanderung zu Wald- und Hochmoorgebieten des Nationalparks. Jugendherberge in Altenau.
Wissenswertes *Altenau* ist die jüngste der sieben Harzer Bergstädte, die als Anreiz zur Ansiedlung sächsischer Bergleute Stadtrechte und Steuerfreiheit zugesichert erhielten. Die Gruben wurden hier schon 1762 stillgelegt, die Eisenhütte 1871, die Pochwerke (Erzaufbereitung) im Polstertal 1875, die Silberhütte 1911. Heute bietet der Fremdenverkehr, mit zum Teil umstrittenen Großbauten verbunden, die Erwerbsgrundlage der Bevölkerung. Zeugen lebendiger erzgebirgischer Tradition finden sich in den Holzschnitzereien in der Hüttenstraße.

In dem riesigen *Steinbruch* am *Huneberg* nördlich vom Kleinen Trogtal wird Diabas abgebaut, um als Straßenschotter Verwendung zu finden. Der Diabas entstand im Devon vor etwa 370 Millionen Jahren am Meeresgrund als Ergußgestein, das (im Gegensatz zu den Tiefengesteinen wie Granit und Gabbro) rasch erstarrte. Die gleichzeitig gebildeten Roteisensteinlager wurden früher am oberen Ende des Kleinen Trogtales abgebaut.

Der *Bruchberg* ist Kernzone des Nationalparks Harz. Die bis 6 Meter dicken Schichten der Hochmoore liegen wie ein Schwamm auf dem wasserundurchlässigen Untergrund. Sie werden von den im Kammbereich besonders hohen Niederschlägen gespeist und wirken ausgleichend auf den Wasserabfluß. Die

Ochsenberg
Schwarzenberg
Mittelberg
Schachtkopf
Altenau
Schultal
Rothenberg
Schneide-
wasser
Dammgraben
Förster-Ludwig-Platz
Torfhaus
N
P
B 498
Kunstberg
Staatsforst Altenau
Steile
Wand
Flörichshaier Graben
Fohlenbrink
Grabenhaus Rose
Wolfswarte
Naturschutzgebiet
Baumannweg
Okerstein
Bruchberg
Schusterklippe
Branderklippe
0
0,5
2 km

Hochmoore sind selten gewordene und sehr empfindliche Biotope. Deshalb wird im Interesse ihrer Erhaltung gebeten, die Wege nicht zu verlassen. Dies hilft allerdings auch nicht gegen das hier in den Kammbereichen besonders intensive Siechen des Waldes infolge von Luftverschmutzung durch Abgase. – Der *Dammgraben* ist das bekannteste der unter Denkmalschutz stehenden jahrhundertealten Grabensysteme des »Oberharzer Wasserregals«, die die Hangwasser des Bruchberges den Bergwerken von Clausthal-Zellerfeld zuleiteten. – Die *Steile Wand* entstand vermutlich als Karnische eines lokalen eiszeitlichen Gletschers.

Tourenbeschreibung In *Altenau* vom Parkplatz am Mühlenberg zurück zur Bundesstraße und links 200 Meter die Hauptstraße aufwärts. Links einbiegen in die Straße *Kleine Oker*. Nach etwa 50 Metern zweigt rechts der Gustav-Baumann-Weg ab. Mit diesem über den *Kunstberg* hinauf zum *Dammgraben*. Immer auf dem Bergrücken sanft ansteigend weiter zum *Okerstein* (Granitklippe rechts der Straße, 1 Std.).

Links den Oberen Bruchbergweg direkt zur *Wolfswarte* (niedrige Klippe und Blockhalde aus Quarzit, großartiger Ausblick auf den Nordharz). Mit dem geraden, steinigen Wolfswarter Fußweg in Richtung Torfhaus in 15 Minuten hinab zur Autostraße (200 Meter links der Aussichtspunkt Hedwigsblick). Über die Straße und den Fußweg hinunter.

Kurz vor dem Bach trifft man noch vor dem Lifthang auf den Magdeburger Weg. Dieser leitet nach links und unter den wild

An den Uhlenköpfen (© Richard Goedeke)

zerklüfteten und überwachsenen Granit- und Hornfelsklippen der *Steilen Wand* eben und wenig absteigend am Hang entlang. Danach steil hinab zum Beginn eines Grabens. An diesem, später rechts von ihm, im Wald hinab zu einer Forststraße. Mit dieser etwa 50 Meter nach links, eine weitere Forststraße überschreiten und hinab zum Beginn des *Dammgrabens.* Über das Wehr und dann immer auf der Grabenkrone (Blick ins Große Spritzental) nach etwa 15 Minuten zur Forststraße. Noch etwa 500 Meter am Graben entlang zum *Förster-Ludwig-Platz* (Schutzhütte, oberhalb Bachverbauungen). Nun rechts auf dem Schneidewasser-Weg hinab und immer rechts vom Bach auf Fußweg nach *Altenau.*

8 *Zu den Höhen des Harzrandes*
Bad Harzburg – Großer Burgberg – Rabenklippen – Kaltes Tal – Bad Harzburg

Verkehrs- und Parkmöglichkeiten Beim Kurhaus und an der Talstation der Burgberg-Seilbahn.
Wegmarkierungen Burgberg bis Tiefe Kohlstelle Dreieck mit blauem Punkt (Kaiserweg).
Tourenlänge 10 Kilometer. **Wanderzeit** Etwa 3 Stunden.
Höhenunterschiede Insgesamt 300 Meter. Steiler Aufstieg von Bad Harzburg (280 m) bis zum Burgberg (484 m).
Wanderkarte 1:50 000 Wandern im Westharz.
Anmerkung Sehr beliebte Wanderung zu einigen der bekanntesten Punkte des Nordharzes. Bei Benutzung der Burgberg-Seilbahn etwa 1 Stunde weniger (8 km, nur 100 m Anstieg). Von östlich des Kreuzes über Paulischneise und Uhlenköpfe lohnender Abstecher zur Kattnäse (+ 1 Std.). Jugendherberge in Bündheim.
Wissenswertes *Bad Harzburg* ist einer der ältesten Kurorte des Harzes, ebenso wie Oker an der »klassischen Quadratmeile der Geologie« gelegen. Der im Radautal anstehende Gabbro ist vor etwa 300 Millionen Jahren als Tiefengestein ähnlich wie der Granit aufgestiegen und unter einem Mantel von Deckschichten erkaltet. Das Gestein wird wegen seiner Festigkeit für Straßenbauzwecke abgebaut. – Ein Stollen vom Radautal zum Okertal mit Anschluß an den Oker-Grane-Stollen leitet Wasser der Radau zur Trinkwassersperre im Granetal. Der Radau-Wasserfall ist künstlich eingerichtet.

Die *Wolfsklippen* bestehen aus Gesteinen des Oberemscher (etwa 100 Millionen Jahre alt). Unmittelbar südlich davon wurden bei der Heraushebung des Harzes die Gesteine des Erdmittelalters um etwa 3000 Meter hochgepreßt und abgetragen. Die Felsen von Kattnäse und Uhlenkopf bestehen aus dem gleichen Quarzit wie der Acker-Bruchberg-Höhenzug (350 Millionen Jahre alt, siehe Tour 51). Südlich davon steht der Brockengranit an, der gleichzeitig und in gleicher Weise entstanden ist wie der Okertal-Granit (siehe Tour 5). *Rabenklippen* und *Hausmannsklippen* sind beliebte, traditionsreiche Bergsteigerziele.

Die *Burg* auf dem Burgberg wurde 1068 von Heinrich IV. zum Schutze der Kaiserstadt Goslar gebaut, später zerstört und von Kaiser Barbarossa wieder aufgebaut. Das zeitweilig ernsthaft betriebene Projekt eines großen Appartmenthotels auf dem Burgberg wurde durch den energischen Widerstand der Bevölkerung gegen den »Burgberg aus Beton« vereitelt. Westlich vom Eckertal reicht der Nationalpark bis ins Vorland hinab. An den Rabenklippen Luchsgehege.

Tourenbeschreibung Vom Berliner Platz beim Kurhaus *Bad Harzburg* über die Bundesstraße und am gegenüberliegenden Hang des Kleinen Burgberges schräg links empor. Stetig ansteigend um den ganzen Berg herum (Abstecher zum Gipfel des Kleinen Burgberges möglich). Auf den Gipfel des *Großen Burgberges* (Harzburg, Burgbrunnen, Uhland-Denkmal, Canossa-Säule). An der Bergstation der Seilbahn vorbei zum Sattel hinter dem Burgberg *(Antoniusplatz).* Auf dem mittleren der drei weiterführenden Wege ansteigend am Südhang des *Sachsenberges* entlang zum Wegekreuz *Säperstelle* im nächsten Sattel. Links auf Forststraße am Hang des Spüketalskopfes weiter zu den *Uhlenköpfen* (Kreuz,

Aussicht), wenig später zum Wegedreieck am Beginn der *Paulischneise* (interessanter Abstecher über den felsigen Uhlenkopf zur Kattnäse, 3 km hin und zurück). Hier rechts ab zu den *Rabenklippen* (Gaststätte, Blick ins Eckertal und zum Brocken, Klettergebiet). Durch die Felsgasse und auf bequemem Weg in Richtung Molkenhaus, nach 10 Minuten zum Wegekreuz *Tiefe Kohlstelle.* Rechts hinab zum *Reuschteich* im oberen *Kalten Tal.* In dessen Grunde, am besten auf dem Fußweg links der Straße (Ministerweg), oder auch über die Gaststätte *Sennhütte,* zurück nach *Bad Harzburg.*

9 *Über Eckersee und Scharfenstein zum Brocken*
(Bad Harzburg –) Radauwasserfall – Eckersee – Scharfenstein – Heinrich-Heine-Weg – Brocken – Eckersprung – Eckersee – Radauwasserfall

Verkehrsmöglichkeiten Bahn bis Bad Harzburg. Bus Bad Harzburg – Radauwasserfall – Torfhaus – Braunlage. Von April bis November Erdgasbus Bad Harzburg – Hasselkopf/Kreuzung Kaiserweg, aber für lange Wanderung wenig günstiger Fahrplan.
Parkmöglichkeiten Parkplatz Taternbruch (unterhalb der Zollhäuser), an der Stichstraße in Richtung Molkenhaus, die 500 Meter südlich des Radauwasserfalles von der B 4 abzweigt.
Wegmarkierungen Hinweisschilder.
Tourenlänge 26 Kilometer (von und bis Brücke Taternbruch 24 km, ohne Besteigung des Scharfensteins 24 bzw. 22 km)
Wanderzeit 8 Stunden (von und bis Taternbruch 7½ Std., ohne Besteigung des Scharfensteins 7½ bzw. 7 Std.)
Höhenunterschiede 900 Meter (ab Brücke Taternbruch 870 m, ohne Besteigung des Scharfensteins 830 bzw. 800 m). Stetiger Anstieg von Taternbruch (440 m) bis Hasselkopf (588 m, Kreuzung Kaiserweg) und vom Ecker-Rundweg unterhalb vom Scharfenstein (589 m) bis Brockengipfel (1142 m).
Anmerkung Die kürzeste Nordroute auf den Brocken, landschaftlich besonders großartig und vielfältig. Bei Abstieg auf der Aufstiegsroute ohne Scharfenstein von Taternbruch 19 Kilometer, 800 Höhenmeter, 5 Std. Bei Abstieg über den Goetheweg nach Torfhaus (vgl. Wanderung 11) 17 Kilometer, 4 Stunden, Rückfahrt möglich mit Bus Torfhaus – Radauwasserfall – Bad Harzburg. Eine kürzere lohnende Rundwanderung bietet der Ecker-Rundweg über Peseckenhäu und Pionierweg, von und bis Taternbruch 13 Kilometer, 250 Höhenmeter, 3 Stunden (mit Besteigung des

Radau
Radau-
wasserfall
Rudolfklippe
Molkenhaus
N
Ecker
Parkplatz
Taternbruch
Muxklippe
Ecker
Zillierwald
Schutzhütte
Ecker-
talsperre
Schutzhütte
Kaiserweg
Fohlenkopf
622m
Ecker-
stau-
see
Pionierweg
Scharfenstein
Sellenberg
698m
Schutzhütte
NP-Info, WC
Nationalpark
Schutzhütte
Hermanns-
klippe
Heinrich-
Heine-Weg
Abbenstein
Bismarckklippe
Schutzhütte
Eiserner Tisch
Hochharz
Abbe
Kl. Brocken
1018m
Brandklippe
Kahle Klippe
Quitschenberg
nach
Torfhaus
Sender u.
Hotel
1142m
Bf.
Brocken
Hopfensäcke
Neuer Goetheweg
Ecker
Hirschhörner
1033m
Eckersprung
WC
Königsberg
Straße
0
1 km

Scharfensteins 17 km, 360 mH, 4 Std), nochmals verkürzbar mit dem Erdgasbus. Siehe Kartenskizze.

Wissenswertes Der *Ecker-Stausee* ist eine der ältesten Talsperren im Harz, deren Wasser über Fernwasserleitungen als Trinkwasser genutzt wird. Auch in der Zeit der deutschen Teilung wurde sie über die Grenze hinweg gemeinsam betrieben. Das Wasser ist wegen des nur mit Wald bedeckten Einzugsgebietes frei von den anderswo durch die Landwirtschaft eingebrachten Pestiziden, wird jedoch durch den sauren Regen sehr sauer und wegen der dadurch verstärkten Lösung von Mineralien obendrein mit Schwermetallen belastet. Diese werden jedoch durch Kalkzugaben ausgefällt und das dadurch zugleich leicht basisch gewordene Trinkwasser hat nach der Aufbereitung eine ausgezeichnete Qualität. Die gesamte Tour verläuft in der Kernzone des Nationalparks Harz. Die Scharfensteinbaude wurde erst 2002 neben dem renaturierten Standort einer Kaserne der Grenztruppen als Nationalparkstation eröffnet. Der nördlich davon schroff aufragende Scharfenstein besteht ebenso wie das übrige Brockenmassiv aus Granit und bietet von seinem Gipfel einen prächtigen Nahblick zum Brocken. Zu *Brocken* siehe Wanderung 12.

Tourenbeschreibung Vom *Radauwasserfall* (Gaststätte mit Busstop im Radautal an der Straße Bad Harzburg – Torfhaus, talaufwärts vom Gabbrosteinbruch) auf Wanderweg oberhalb vom Bach aufwärts zu den Zollhäusern und zum *Parkplatz Taternbruch.*

Gleich nach Überschreiten der Brücke links auf zünftig steinigem Fußweg ein Tälchen hinauf, oben auf der von rechts heranführenden Asphaltstraße bald zur Kuppe des Hasselkopfes, wo der Kaiserweg die Straße kreuzt. Bei Straßengabelung (Schutzhütte) rechts weiter zum Staudamm des *Eckerstausees* (vorher WC). Der Damm wird überschritten. Am anderen Ufer dem Fußweg oberhalb des Sees folgen und dabei drei Tälchen queren (am 2. Tälchen Frankenberg-Stein, Schutzhütte). Nach dem dritten Tälchen auf befestigtem Forstweg noch 1 Kilometer weiter zu Abzweigung (der Weg geradeaus leitet als Ecker-Rundweg weiter, siehe Anmerkung). Hier links den Hohlweg hinauf zur Betonplattenstraße der ehemaligen Grenzanlagen. Die Straße nach rechts und etwas ansteigend hinauf zum Scharfenstein-Sattel mit der *Scharfenstein-Baude* (632 m, Nationalpark-Station, Kiosk, WC).

Von hier sehr lohnender Abstecher auf schmalem Fußweg in einem weiten Bogen nach Osten und Norden hinauf zum Gipfel des *Scharfensteins* (696 m, großartiger Blick auf den Brocken und auf den Eckersee).

Auf dem Scharfenstein (© Richard Goedeke)

Am Scharfenstein mit Blick auf Eckerstausee (© Richard Goedeke)

Nach Rückkehr zur Baude auf der Plattenstraße ansteigen zur Einmündung in den von links heranführenden Heinrich-Heine-Weg und vorbei an der *Hermannsklippe* (links) und später an der *Bismarckklippe* (898 m, rechts direkt am Weg) steil aber immer mit weiten Ausblicken hinauf zum Schutzhüttchen unterhalb vom *Eisernen Tisch* (960 m). Weiter aufsteigend gelangt man nach Passieren der 1000-Meter-Marke auf eine flache Bergschulter (Kleiner Brocken, 1018 m). Von hier mit einem letzten Anstieg über die Bahnlinie und wenig später auf die Gipfelkuppe des *Brocken.*

Auf der Brockenstraße hinab bis zur Bahnlinie und dem Neuen Goetheweg folgend parallel zur Bahnlinie nach rechts. Nach 2 Kilometern rechts auf dem breiten Weg (teils noch Plattenstraße) hinab und unten rechts abzweigend zum Bergsattel *Eckersprung* (Toiletten). Hier rechts abzweigen und auf hübschem Fußweg zur Quelle und entlang dem Bach hinab. Er führt bald als alter Forstweg rechts des Baches weiter, bis nach etwa 2 Kilometern ein schmaler Weg links auf Stegen über den Bach führt. Nun links des Baches auf Forststraße nach weiteren 2 Kilometern zum *Skidenkmal* (Schutzhütte). Hier rechts den Pionierweg hinab zur Einmündung des Ecker-Rundweges und links, immer in der Nähe des Stausees zur Staumauer der Ecker-Talsperre. Auf der Asphaltstraße ansteigend zur flachen Kuppe des *Hasselkopfes* und wie auf dem Herweg links zuerst auf der Straße, dann geradeaus den Fußweg durch das Tälchen hinab zurück zum *Parkplatz Taternbruch* und zum *Radauwasserfall.*

10 *Fluchtweg eines Kaisers*
Bad Harzburg – Burgberg – Hopfensäcke – Oderbrück – Königskrug

Verkehrsmöglichkeiten Bahn bis Bad Harzburg und Walkenried. Bus Bad Harzburg – Torfhaus – Oderbrück – Königskrug – Braunlage. Burgberg-Seilbahn.
Parkmöglichkeiten In Bad Harzburg siehe Tour 10. Außerdem bei Oderbrück und Königskrug.
Wegmarkierungen Dreieck mit blauem Punkt.
Tourenlänge 20 Kilometer.
Wanderzeit Etwa 7 Stunden.
Höhenunterschiede Insgesamt 640 Meter Aufstieg und 200 Meter Abstieg. Steiler Aufstieg vom Berliner Platz (290 m) bis auf den Burgberg (484 m). Bei Benutzung der Burgberg-Seilbahn 440 Meter, 1 Stunde weniger.
Wanderkarte 1:50 000 Wandern im Westharz.

Bad Harzburg
Kleiner Burgberg
Eichenberg
Whs. Burgberg
Großer Burgberg
Sachsenberg
Kaltes Tal
Säperstelle
Kaltetalskopf
Whs. Rabenklippe
Ettersberg
Tiefe Kohlstelle
B4
Kaiserweg
Molkenhaus
Eckertal
Winterberg
Muxklippe
Ecker
Staatsforst
Zillierwald
Forst
Eckertalsperre
Eckerstausee
Fohlenkopf
Harzburg
Kaiserweg
Fuhler Lohnbach
Ilsenburg
Sellenberg
Große Peseke
Kaiserweg
Mittlere Peseke
Radaubruch
Abbenstein
0 0,5 2 km
Hintere Peseke

Anmerkung Großartige und wohl bekannteste Streckenwanderung des westlichen Harzes, entlang einer sehr alten Fernstraße, quer durch den Harz und weitgehend über noch sehr ursprünglich gebliebene Kammgebiete. 2. Teil des Kaiserweges siehe Tour 11.

Tourenbeschreibung Wie bei Tour 8 bis zur *Säperstelle.* Rechts auf dem Forstweg in Richtung Tiefe Kohlstelle/Rabenklippen etwa 500 Meter weiter, dann rechts abzweigen und auf etwas tiefer verlaufendem Hangweg nach etwa 30 Minuten zum *Reuschteich* im oberen Teil des Kalten Tales. Hier kommt von rechts eine Forststraße herauf. Mit dieser rechts ansteigend auf breitem Kammweg in etwa 20 Minuten zum *Molkenhaus.*

Am Spielplatz vorbei und auf der Forststraße ansteigend nach 500 Metern zu einer Biegung (links die *Muxklippe,* Denkmal, Blick ins Eckertal) und nach weiteren 10 Minuten hinter einer Biegung zum Bergrücken. Hier links wieder auf dem originalen Kaiserweg in den Wald (Markierung Dreieck mit blauem Punkt).

Burgseilbahn Bad Harzburg (© Kurverwaltung Bad Harzburg)

Radaubruch
Abbenstein
Hintere Peseke
Schubenstein
Ecker
Torfhaus
D JH
P
Torfmoor
Quitschenberg
Goetheweg
Abbe
B 4
Hopfensäcke
Brocken-
feld
Schwarze Tannen
Natur-
schutzgebiet
Bodebruch
Oderholz
Oderbrück
Odersprung
Oderbruch
Oder-
teich
Breitesteinklippen
B 242
Achtermanns-
925 m
höhe
Kaiserweg
Königskopf
0
0,5
2 km
Königskrug

Zuerst auf schmalerem Weg, bald auf breiter Forststraße, über den *Sellenberg*. Nun kurz nach rechts und gleich wieder links, schräg ansteigend am Hang unterhalb der Abbesteine vorbei. Danach gelangt man zu einer quer verlaufenden Forststraße, die rechts rasch zu einem raumgreifenden Forststraßendreieck führt (dahinter im Wald der Schubenstein).

Links der Forststraße folgend ansteigen zur Einmündung des Goetheweges, der nach 600 Metern wieder nach links in Richtung Brockenfeld abzweigt. An dieser Abzweigung rechts etwa 100 Meter weiter. Dann links dem hier ausnahmsweise noch im Originalzustand belassenen alten Weg folgend hinauf zu den großblockigen Hopfensäcken.

Der Weg führt nun rechts haltend abwärts durch ein Hochmoorgebiet zur Schierker Straße und weiter nach *Oderbrück*. Dort wenige Meter auf der Bundesstraße 4 über den Bach,

Am Sellenberg (Kaiserweg) (© Richard Goedeke)

dann vor der Gaststätte wieder links abbiegen und der Markierung Kaiserweg folgend am *Breitenstein* (Granitklippe links im Wald) vorbei. Auf der Westabdachung des Achtermanns die Schneise unter den rückbauwürdigen Stahlmasten der Hochspannungsleitung entlang weiter. Schließlich hinab nach *Königskrug*.

11 *Kaiserweg Süd*
Königskrug – Lausebuche – Wagnerskopf – Jagdkopf – Walkenried

Verkehrsmöglichkeiten Bahn bis Bad Harzburg. Bus Bad Harzburg – Königskrug – Braunlage. Braunlage – Lausebuche – Bad Lauterberg, Braunlage – Kreuzung Kaiserweg – Wieda – Walkenried und Bahn Herzberg – Walkenried – Nordhausen.
Parkmöglichkeiten An allen Kreuzungspunkten der Autostraßen mit dem Kaiserweg.
Wegmarkierungen Dreieck mit blauem Punkt.
Tourenlänge 21 Kilometer. **Wanderzeit** Etwa 6–7 Stunden.
Höhenunterschiede Insgesamt 230 Meter Aufstieg und 710 Meter Abstieg. Am Jagdkopf auf 70 Meter mäßig steiler Abstieg, sonst nur sanfte Steigung und Gefälle.
Wanderkarte 1:50 000 Wandern im Westharz.
Anmerkung Teilweise im Nationalpark. Ausreichend Verpflegung mitnehmen, denn auf der gesamten Strecke gibt es keine einzige Gaststätte. Im übrigen siehe Anmerkung zu Tour 10.

Walkenried (© Anja Schliebitz)

Oberharz
Königskrug
P
Ulrichswasser
Warme Bode
Schullandheim
Natur-
Alte Harzburger Straße
Jermerstein
Hahnenkleeklippen
Brunnenbach
P
Braunlage
schutzgebiet
Silberteich
B4/B242
Oder
Kinderheim Waldmühle
Staatsforst
B27
Schloßkopf
Forellengrund
P
Lausebuche
Brunnenbach
Kaiserweg
Oderhaus
Kapellenfleck
Oderhaus
Odertaler Sägemühle
0
0,5
2 km
P

Oder
Odertaler Sägemühle
Glasekopf
Hinterer Ebersberg
Spitzenberg
Steiger-
köpfe
Wagnerskopf
Kaiserweg
Jagdkopf
Waeschkopf
Staatsforst Lauterberg
Helenenruh
Alter Wiedaer Hüttenweg
Wieda
Jagdkopf
Zorge
Wieda
Staatsforst
Zorge
Breitenbach
Walkenried
Eichenberg
Siedlung Uhdenberg
0
0,5
2 km
Unter-
zorge
Langenberg

Tourenbeschreibung Von *Königskrug* über die Alte Harzburger Straße bis zu den Häusern von *Brunnenbach.* Rechts abzweigen und auf einer Forststraße in den Talgrund des *Brunnenbaches* (1 Std. von Königskrug, links Kinderheim Waldmühle). Etwas ansteigend zum Kreuzungspunkt mit der Straße Braunlage – Bad Lauterberg (Lausebuche; Parkplatz, Bushaltestelle).

Nun über eine Kuppe und dann abwärts in die Talmulde des oberen *Großen Kronenbaches.* Danach auf dem flachen Bergrücken, zuletzt wieder auf Forststraße, zum Kreuzungspunkt mit der Straße Braunlage – Wieda (etwa 2½ Std. von Königskrug). Auf dem allmählich deutlicher werdenden Bergrücken über die drei Kuppen der *Steigerköpfe,* danach links (östlich) von der Forststraße abbiegen und hinauf zum *Wagnerskopf.* Nun allmählich wieder rechts haltend zum *Waeschkopf* und zum Sattel *Helenenruh* (Schutzhütte), wo der Wiedaer Hüttenweg den Kamm quert (4 Std. von Königskrug).

Ansteigend weiter über den Bergrücken auf den *Jagdkopf.* In gleicher Richtung (Süden) absteigen. Dann nicht rechts ins Saufangtal hinab, sondern auf dem Bergrücken bleibend hinab bis kurz vor die Kuppe des *Eichenberges* (lohnender Abstecher wegen der Aussicht). Der Weg biegt nun nach links, führt über den östlichen Bergrücken weiter, wendet sich dann wieder nach rechts und kreuzt als breite Forststraße die Autostraße Unterzorge – Wieda (etwa 5 Std. von Königskrug). Schräg links, später wieder rechts haltend, erreicht man die Autostraße Zorge – Walkenried und gelangt, am besten zuletzt rechts von ihr auf Feldweg, nach *Walkenried.*

12 *Auf Goethes Spuren zum Hexenterminal*
Torfhaus – Goetheweg – Eckersprung – Brocken – Eckersprung – Lorenzbrücke – Torfhaus

Verkehrsmöglichkeiten Bahn bis Bad Harzburg. Bus Bad Harzburg – Torfhaus – Braunlage (Verkehrsverbund Braunschweig).
Parkmöglichkeiten Großparkplatz nördlich der Häuser, mit drei ansehnlichen Menhiren aus Granit, Gabbro und Diabas (3. Jahrtausend n. Chr.).
Wegmarkierungen Goetheweg bis Brockengipfel Dreieck mit rotem Punkt, Eckersprung bis Lorenzbrücke blauer Querstrich.
Tourenlänge 18 Kilometer (bei Rückweg auf dem Aufstiegsweg 16 km).
Wanderzeit Etwa 5 Stunden (bei Rückweg auf dem Aufstiegsweg 4 Std.)
Höhenunterschiede Insgesamt 400 Meter (bei Rückweg über den Aufstiegsweg 340 m). Nur sanfte Anstiege, beim Abstieg vom Eckersprung einige kurze Stellen steil.
Wanderkarte 1:50 000 Wandern im Westharz, Wandern im mittleren Harz.
Anmerkung Der klassische Goetheweg führt durch Nadelwald mit Klippen und Mooren zum Brocken. Diese Route ist der Auf-

Brockenbahn am Neuen Goetheweg (© Richard Goedeke)

Brockengipfel (© Harzer Verkehrsverband e.V., Goslar)

stieg mit dem geringsten Höhenunterschied. Der von Geländern eingefaßte, sandalenfähige Panorama-Rundweg auf dem Gipfel ist 1,5 Kilometer lang und abkürzbar.

Wissenswertes Der *Brocken* ist, mit seinem vom Kampf mit Wind, Schneebruch, Reifbildung und Luftverschmutzung gezeichneten Urwald und seiner die Baumgrenze überragenden Gipfelkuppe, Kernzone des von den Ländern Sachsen-Anhalt und Niedersachsen 1990 geschaffenen Nationalparks Harz (Wegegebot!). Auf der 1142 Meter Meereshöhe erreichenden Gipfelkuppe mit ihren extrem hohen Windgeschwindigkeiten, niedrigen Temperaturen und weit über 200 Nebeltagen im Jahr können sich nur Pflanzen der subalpinen Matten halten, darunter als Raritäten Brockenmoos und Brockenanemone. Sie hielten sich trotz der im Laufe der Zeit erstellten Baulichkeiten, vom Wolkenhäuschen, das schon Goethe 1777 bei seiner denkwürdigen Winterbesteigung des Gipfels vorfand, bis zu dem intensiven Betonverbrauch der DDR-Zeit. Nachdem der Rückbau von Minen, Mauer und Metallgitterzäunen relativ rasch, wenn auch nicht spurlos erfolgt war, stand am höchsten Punkt der Kasernenkomplex der sowjetischen Truppen noch etwas länger. Seit 1998 finden die Besucher/innen auf der nach Abriß von Mauer, Stacheldraht und Kasernen mühsam aber liebevoll renaturierten und von Geländern begrenzten Kuppe eine gelungen transplantierte Miniklippe, Richtungspfeile und Infotafeln. Nebenan drängen sich um das altehrwürdige Wolkenhäuschen wie Brockenhotel, Brockensendemast, Brockenmuseum, Brockenbahnhof, Brockenwetterwarte und Brockengarten (Führungen). Immerhin ist auf der Westseite auch heute noch etwas vom ursprünglichen Ambiente des Brockens zu spüren. Hier steht auch die kleine Klippe Hexenaltar. Der Trubel auf dem Gipfel ist schon oft beklagt worden: »Wer den Wagen- und Omnibusverkehr mit seinem Staub und Unrat an schönen Sommersonntagen auf den Brockenstraßen und der Kuppe kennt, wer dort im Gasthause einmal, in Menschenmassen eingekeilt, unter Lebensgefahr um ein Glas Bier oder Sauerbrunnen gerungen hat – der lächelt stumm über jede Befürchtung, es könne noch ärger werden.« Dies wurde nicht nach der Grenzöffnung geschrieben sondern 1899 von Hans Hoffmann kurz nach der Eröffnung der Brockenbahn. Aber der erkannte auch: »Die Menschenfluten werden zwar künftig wohl in noch größerer Zahl, aber auch in beschleunigtem Zeitmaß über die Kuppe gespült werden, dazwischen werden Ruhepausen eintreten, in denen der bessere Mensch zum Aufatmen kommt.« Wenn man azyklisch hinaufsteigt, an einem Nebeltage etwa oder in der Nacht zum Sonnenaufgang... – Die klarsten Tage mit einer Rundsicht über mehr als 100 Kilometer gibt es im Winter. Bei

Brockengipfel (© Richard Goedeke)

Am Goetheweg (© Richard Goedeke)

Hochdruckwetterlagen mit Frost und Temperaturumkehr überragt die Brockenkuppe oft wochenlang ein tiefliegendes Wolkenmeer.

Um *Torfhaus* wurde seit 1573 Torf gestochen. Inzwischen sind die übrig gebliebenen Moore unter Schutz gestellt. Torfhaus ist heute eins der am häufigsten besuchten Touristenzentren des

Harzes mit Jugendherberge und Informationshaus des Nationalparks (u.a. großes Torfprofil als Schaustück, vgl. neuer Steg). – Die großblockigen Klippen zeigen die für Granit typische Wollsackverwitterung, siehe Wanderung 5. – Der Sattel *Eckersprung* gehört zur Wasserscheide zwischen Weser und Elbe.

Tourenbeschreibung Von den letzten Häusern am Südende der Siedlung *Torfhaus* entlang dem *Abbegraben* auf dem Goetheweg (Markierung Dreieck mit rotem Punkt) am *Torfmoor* (links Steg, Aussicht) vorbei zum Kaiserweg. Diesen rechts einige Minuten aufwärts. Dann links auf der Forststraße Goetheweg, an den Quitschenbergklippen vorbei, nach einer Viertelstunde zum Sattel *Eckersprung* (WC). Auf breitem Weg (die Betonplatten sind teilweise schon abgeräumt) östlich hinauf zur Bahnlinie. Daran entlang auf dem Neuen Goetheweg an den Hirschhörnern vorbei zur Brockenstraße und auf dieser zum Gipfel des *Brocken.*

Den gleichen Weg zurück zum *Eckersprung.* Nun nordwärts auf schmalem, anfangs unbefestigtem Fußweg hinab, bald an der Quelle der Ecker vorbei, nach etwa 10 Minuten zum Ende einer alten Forststraße rechts des Baches. Auf dieser angenehm abwärts (rechts Blick auf Hänge mit viel Totholz). Sie leitet nach etwa 2 Kilometern rechts vom Bach weiter zur Abzweigung eines schmalen Weges nach links (Schild Torfhaus). Auf Stegen zur westlichen Seite des Baches und zu einer Forststraße. Diese dicht am Bach entlang nach einer Viertelstunde zur Stelle der ehemaligen Lorenzbrücke (eindrucksvolle Blicke zum Brocken). Hier

zweigt links eine breite Forststraße ab. Nicht diese sondern geradeaus weiter nach nochmals 1 Kilometer zur Abzweigung des Ulmer Weges. Diesen nach links am Hang unterhalb der Abbesteine entlang zur Kreuzung mit dem Kaiserweg. Auf diesem links nun wieder deutlicher ansteigend zu großem Wegedreieck beim *Schubenstein*. Rechts an diesem vorbei auf dem Schubensteinweg geradeaus weiter hinauf nach *Torfhaus*.

13 *Zu den Hochmooren*
Torfhaus – Märchenweg – Sonnenthaler Flutgraben – Wolfswarte – Torfhaus

Verkehrsmöglichkeiten Bahn bis Bad Harzburg. Bus Bad Harzburg – Torfhaus – Oderbrück – Braunlage und Altenau – Steile Wand (Hedwigsblick) – Torfhaus.
Parkmöglichkeiten Großparkplatz Torfhaus.
Wegmarkierungen Anfangs grünes Dreieck. Einige Schilder.
Tourenlänge 10 Kilometer.
Wanderzeit Etwa 3¼ Stunden.
Höhenunterschiede 300 Meter. Mäßig steiler Aufstieg vom Graben (820 m) zur Wolfswarte (900 m). Mäßig steiler Abstieg von der Wolfswarte zum Oberen Bruchberg-Weg (800 m).
Wanderkarte 1:50 000 Wandern im Westharz oder Wandern im mittleren Harz.

Torfhaus-Menhire (Gabbro, Granit, Diabas), im Hintergrund Brocken
(© Richard Goedeke)

Anmerkung Beliebte Wanderung durch Moor- und Waldlandschaft im Nationalpark. Man kann auch vom Ende des Grabens direkt nach Torfhaus zurück (dann 6,5 km, 2 Std.).
Wissenswertes (Torfhaus siehe Tour 12.)

Tourenbeschreibung Am *Torfhaus* von der Abzweigung der Straße nach Altenau entlang der Bundesstraße 4 zu den letzten Skihütten. Etwa 50 Meter weiter zweigt rechts ein breiter Fußweg (Märchenweg) ab und führt in etwa 25 Minuten durch Wald und Hochmoor zu einem Querweg, der parallel zu einem Bach verläuft. Diesen Weg rechts hinauf an der Sonnenkappe vorbei zum *Sonnenthaler Flutgraben.* An diesem entlang nach rechts in 15 Minuten zur Autostraße. Hier führt links ein steiniger Weg hinauf in etwa 20 Minuten zur *Wolfswarte* (niedrige Quarzitklippe und Blockhalde, großartige Aussicht auf den Nordharz).

Oberhalb der Klippe etwa 80 Meter weiter, dann rechts auf dem Wolfswarter Fußweg hinab zur Forststraße (Oberer Bruchberg-Weg). Auf dieser rechts hinab und auf einem Fußweg oberhalb der Autostraße rechts ansteigend zum jetzt gesperrten Parkplatz. Unterhalb von diesem befindet sich die Aussichtskanzel *Hedwigsblick* (Geländer, Blick auf die Steile Wand und das Kellwassertal). Entlang der Autostraße 200 Meter weiter, dann – gegenüber vom Wolfswarter Fußweg – links auf einem Fußweg hinab zum Fuß des Lifthanges. Auf oder neben der breiten Schneise hinauf und zurück nach *Torfhaus.*

14 *Zu Felsburgen und Wollgras*
Oderbrück – Achtermannshöhe – Eckersprung – Quitschenbergklippen – Hopfensäcke – Oderbrück

Verkehrsmöglichkeiten Bahn bis Bad Harzburg. Bus Bad Harzburg – Torfhaus – Oderbrück – Braunlage und Clausthal-Zellerfeld – Oderbrück – Braunlage.
Parkmöglichkeiten Bei Oderbrück an der Bundesstraße 4.
Wegmarkierungen Bis Achtermann grünes Dreieck. Achtermann bis Dreieckiger Pfahl Weg roter Punkt. Eckersprung bis kurz vor die Quitschenbergklippen Dreieck mit rotem Punkt. Dann Dreieck mit blauem Punkt (Kaiserweg) bis Oderbrück.
Tourenlänge 11 Kilometer. **Wanderzeit** 3½ Stunden.
Höhenunterschiede Insgesamt 280 Meter. Steiler Aufstieg nur an der Gipfelkuppe des Achtermanns (926 m). Mäßig steil auf 50 Meter vor den Hopfensäcken.

Aufstieg vom Eckersprung zur Brockenbahn (Goetheweg) (© Richard Goedeke)

Wanderkarte 1:50 000 Wandern im Westharz oder Wandern im mittleren Harz.
Anmerkung Im Nationalpark. Eine der schönsten und abwechslungsreichsten Wanderungen des Oberharzes mit urwüchsigem Wald, Klippen, Mooren und reizvollen Fern- und Nahblicken. Von Eckersprung auch Abstecher zum Brocken, siehe Tour 12 ($1^1/_2$ Stunden zusätzlich). Wanderstützpunkt Malepartus-Hütte.
Wissenswertes *Achtermann* siehe Tour 16.

Tourenbeschreibung Von *Oderbrück* auf dem Kaiserweg entlang der *Lichtschneise* und weiter oben links von dieser in einem Hohlweg ansteigen. Nach etwa 15 Minuten links im Wald die *Breitenstein-Klippen.* Wenig später zweigt links der Weg zum Achtermann ab und führt über eine Schneise mit Blöcken bis auf den Bergrücken. Nun rechts durch Wald zur Schutzhütte und steil hinauf auf die Gipfelkuppe des *Achtermanns* (sehr schöner Rundblick, an klaren Tagen bis zum Thüringer Wald).

Zurück zur Schutzhütte und rechts auf dem Fußweg in Richtung Dreieckiger Pfahl (roter Punkt) hinab zur Forststraße. Etwas rechts haltend weiter absteigen, nach etwa 10 Minuten zu einem Wegekreuz und links auf Forststraße zur *Großen Bode* (Jagdhütte). Nun links vom Bach talaufwärts. Nach etwa 30 Minuten führt der Weg am oberen Ende des Tales im Bogen nach rechts über das *Rote Bruch* zum *Dreieckigen Pfahl* (Alter Grenzstein; Schierker Straße). Geradeaus weiter an der ehemaligen Grenze entlang an der Quellmulde des *Bodesprung* vorbei und nach 15 Minuten zum *Eckersprung.*

Jetzt links auf Forststraße (Goetheweg) zur flachen Kuppe des *Quitschenberges.* Hier biegt der Weg nach links. Etwa 500 Meter danach führt rechts ein Waldweg zu den *Quitschenbergklippen* und hinab zur Forststraße (Kaiserweg). Auf dieser nach links, an der Einmündung des Goetheweges vorbei und über den Bach. Etwa 150 Meter danach bei Hütte links in den Wald und auf steinigem Weg hinauf. Am Bergrücken zwischen den beiden größten Klippen der *Hopfensäcke* durch und dem Kaiserweg weiter folgend zurück nach *Oderbrück.*

15 *Wo Goethe ein Licht aufging*
Sonnenberg – Oderteich – Rehberger Graben – Sonnenberger Flutgraben – Sonnenberg

Verkehrsmöglichkeiten Bahn bis Goslar. Bus Goslar – Clausthal-Zellerfeld. Bus Clausthal-Zellerfeld – Sonnenberg – St. Andreasberg.
Parkmöglichkeiten Bei Sonnenberg und an der Jordanshöhe geräumige Parkplätze.
Wegmarkierungen Hinweisschilder.
Tourenlänge 14 Kilometer.
Wanderzeit Etwa 3¾ Stunden.
Höhenunterschiede Insgesamt 160 Meter. Sanfte Steigungen.
Wanderkarte 1:50 000 Wandern im Westharz oder Wandern im mittleren Harz.
Anmerkung Wanderung mit herrlichen Ausblicken, auf bequemen Wegen. Mit Abkürzung, wie in der Skizze, 9 Kilometer, 2¼ Stunden. Eine schöne Streckenwanderung führt vom Oderteich durch das von einem eiszeitlichen Gletscher geweitete Odertal zum Oderhaus (Nationalparkhaus, Bushaltestelle).
Wissenswertes Der *Oderteich* ist die älteste deutsche Talsperre. Sie wurde 1721 fertiggestellt und faßt knapp 1,7 Millionen Kubikmeter. Das Einzugsgebiet ist 11 Quadratkilometer groß und hat mit jährlich 1513 Millimeter die höchste mittlere Niederschlagsmenge von allen Talsperren des Harzes. Das Wasser wurde durch den Rehberger Graben zu den St. Andreasberger Bergwerken geleitet, um dort Wasserräder zu betreiben. – Zwischen Oderteich und Sonnenberg sind die Sumpfgebiete teilweise von dichten Grabensystemen durchzogen, durch die die Moore entwässert werden sollten. Heute hat sich die Einsicht durchgesetzt, daß die Moore als natürliche Wasserspeicher wichtige Lebensgemeinschaften

sind. Deshalb läßt man die Gräben jetzt verfallen und zuwachsen, so daß sich das Moor regenerieren kann.

Etwa 100 Meter östlich vom Damm des Oderteiches stehen *autochthone Harzfichten* (d. h. an einem ursprünglichen Standort, nicht von Menschen dort angepflanzt). Die Zapfen der besonders gut an das Mittelgebirgsklima angepaßten Bäume werden zu Zuchtzwecken geerntet. Seine Beobachtungen an der Kontaktzone zwischen Granit und dem darüberliegendem Grauwacken-Hornfels der Hohen Klippen brachten 1783 Goethe zur Erkenntnis der tiefenvulkanischen Entstehung des Granits (vgl. Wanderung 17). Am Parkplatz Jordanshöhe findet sich eine geologische Steinsammlung (mit Erläuterungstafeln).

Das *Internationale Haus Sonnenberg* ist in den über 40 Jahren seines Bestehens zu einem Symbol des Bemühens um Völkerverständigung geworden.

Tourenbeschreibung Von *Sonnenberg* auf Fußweg im Wald links der Straße hinab zum *Oderteich.* Vor dem Damm nach rechts und am *Rehberger Graben* entlang mit schönen Ausblicken ins Odertal am Hang des Rehberges zum *Goetheplatz* unterhalb der Hohen Klippen (1 Std. vom Oderteich, Abstecher auf Zickzackweg hinauf zu den Klippen lohnend). 500 Meter weiter biegt der Graben nach rechts und führt zum *Rehberger Grabenhaus* (Gaststätte). Die Straße mündet 15 Minuten später, nicht weit vom Internationalen Haus Sonnenberg, in die Autostraße.

Vom gegenüber gelegenen Parkplatz rechts auf dem Grasweg in 5 Minuten zu weiterem Parkplatz an kleiner Asphaltstraße. Über diese hinweg und etwas rechts haltend zum *Sonnenberger Flutgraben.* Der Fußweg auf der Grabenkrone führt nach 10 Minuten zu einem kleinen Wehr im *Großen Sonnental* und nach weiteren 20 Minuten ins *Kleine Sonnental.* Wenig später über Bohlensteg und zu einer Forststraße (Sonnenberger Planweg). Links auf dieser nach 10 Minuten zu einer Gabelung. Auf der rechten Straße in großem Bogen (rechts die *Schneewittchenklippen)* ansteigen. Etwa 500 Meter nach der Gabelung vor der feuchten Kuppe nach rechts (Abstecher zur kahlen Kuppe des Großen Sonnenberges. 15 Min. zusätzlich.) Danach links hinab nach *Sonnenberg.*

Wanderung entlang des Oderflusses (© Städtische Kurverwaltung Bad Lauterberg)

16 *Zur Hornfelsglatze*
Königskrug – Achtermann – Gipfel – Kaiserweg – »Heidenstieg« – Königskrug

Verkehrsmöglichkeiten Bahn bis Bad Harzburg. Bus Torfhaus – Oderbrück – Königskrug.
Wegmarkierungen Rundweg 1 gelb. Am Kaiserweg Dreieck mit blauem Punkt.
Tourenlänge 4,5 Kilometer. **Wanderzeit** 1½ Stunden.
Höhenunterschiede Insgesamt 190 Meter. Steiler Aufstieg auf den letzten 80 Höhenmetern zum Achtermann-Gipfel (926 m).
Wanderkarte 1:50 000 Wandern im Westharz.
Anmerkung Eine der beliebtesten Wanderungen im Harz. Eindrucksvolle Rundsicht von der kahlen, felsigen Gipfelkuppe.

Man kann die Rundwanderung ausweiten, indem man auf dem Kaiserweg nördlich absteigt nach Oderbrück, von dort westlich hinabgeht zum Oderteich, dann an dessen Ostufer und nach Queren der Autostraße auf Hangweg über dem Odertal zurück geht nach Königskrug (dann 3 Stunden).
Wissenswertes *Achtermann* Die Gipfelkuppe besteht aus hartem Hornfels. Dieser ist vor etwa 300 Millionen Jahren aus alten

Schichtgesteinen durch die Hitze aufsteigender glutflüssiger Magma entstanden, die unter diesen Deckschichten allmählich zu Granit erstarrte (beide Gesteine und ihre Kontaktzone sind besonders gut im Steinbruch an der Südseite des Königskopfes aufgeschlossen). Später hat die harte Hornfelskappe den darunterliegenden, leichter verwitternden Granit vor der Abtragung geschützt.

Tourenbeschreibung Wenn man vom Parkplatz (Richtung Braunlage) an der *Gaststätte Königskrug* vorbeigeht, zweigen von der Bundesstraße 4 rechts drei Wege ab. Wir wählen den mittleren von ihnen (Forstweg, 31 J), nur wenig ansteigend durch hohen Wald. Später in etwa gleicher Richtung auf einem Fußweg entlang einer steiler werdenden Schneise (oben große Blöcke, Skiabfahrt »Knochenbrecher«) hinauf, oben links am *Achtermannstor* (Granitklippe) vorbei und unter der Blockhalde der Gipfelkuppe nach rechts zur Schutzhütte. Entlang dem Geländer sehr steil zum *Achtermann-Gipfel* (besonders schöner Blick zum Brocken und Wurmberg, an klaren Tagen nach Süden bis zum Thüringer Wald).

Zurück zur Schutzhütte, dann in Richtung Oderbrück, nach 5 Minuten zu einer Schneise. Diese auf ausgetretenem Weg über Blöcke links hinab, unter Hochspannungsleitung durch und nach weiteren 5 Minuten auf den Kaiserweg (Markierung Dreieck mit blauem Punkt). Mit diesem scharf links abbiegen, auf Schneise weiter und links am Königskopf vorbei. Wo der Weg neben einer Kuppe steiler abwärts führt, beginnen alte Hohlwege (hier rechts im Wald aufgelassener Granitsteinbruch). Geradeaus auf der Trasse des alten Handelsweges (»Heidenstieg«) nach *Königskrug.*

17 *Der Schanzen-Tausender*
Braunlage – Hexentreppe – Wurmberg-Gipfel – Stieglitzecke – Rodelhaus – Braunlage

Verkehrsmöglichkeiten Siehe Tour 11.
Parkmöglichkeiten Am östlichen Ortsausgang von Braunlage (Elbingeröder Straße).
Tourenlänge 9,5 Kilometer. **Wanderzeit** Etwa 3½ Stunden.
Höhenunterschiede Insgesamt 370 Meter. Mäßig steiler Aufstieg vom Glashüttenweg (605 m) zum Fuß des Schanzenhanges (880 m). Sehr steiler Aufstieg über die Hexentreppe (etwa 60 Meter Höhenunterschied). Mäßig steiler Abstieg zur Stieglitzecke (auf 60 Meter Höhenunterschied) und von der Großen Klippe (823 m) zum Glashüttenweg (605 m).

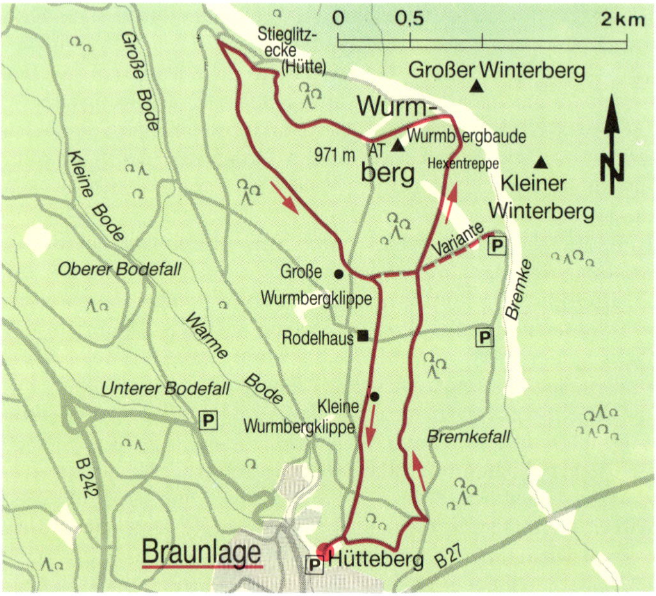

Wanderkarte 1:50 000 Wandern im Westharz.
Anmerkung Weitgehend im Nationalpark. Die Kabinenseilbahn kann die Tour beliebig verkürzen, am besten, indem man sie bis zum Rodelhaus benutzt (dann 6,5 km, 240 Meter Höhenunterschied, 3 Std.). Autoausflügler gehen den oberen Teil der Wanderung gern vom Parkplatz Kaffeehorst (500 m östlich vom Bratwurst-Stein; siehe Skizze).
Wissenswertes Der Kurort *Braunlage* liegt am Südrand des als Naturschutzgebiet ausgewiesenen Kernbereiches des Naturparkes Harz. Ski- und Heimatmuseum, Eissporthalle. Der Wurmberg-Gipfel war in prähistorischer Zeit eine Kultstätte (am Osthang Terrassen und die steile »Hexentreppe« aus groben Granitblöcken, am Gipfel westlich der Gaststätte ein Steinring, weiter westlich noch ein alter Wall).

Die Plattform des über die Wurmberg-Gaststätte zugänglichen *Schanzenturms* befindet sich genau 1000 Meter hoch. Umfassende Aussicht auf Brocken, Ostharz, Oberharz und südliches Harzvorland. – Bemerkenswert die durch Eis- und Schneelast immer wieder gebrochenen und verstümmelten Wipfel der Fichten, die deutlich machen, daß man sich hier schon nahe der klimatisch bedingten Baumgrenze befindet (vgl. Brocken). Durch die Luftverschmutzung ist der Wald hier zusätzlich geschädigt.

Tourenbeschreibung Vom Parkplatz am östlichen Ortsrand von der Elbingeröder Straße ausgehend über den Bremkerborner Weg links der Autostraße im Wald hinauf zum *Bratwurst-Stein.* Nun auf Asphaltstraße schräg rechts, in 15 Minuten zum oberen Ende des *Hexenritt-Schleppliftes* (Aussicht). Nun links neben der Straße zum Fuß des Schanzenhanges. Links auf dem Serpentinenweg in den Wald und nach 150 Metern über die (nicht sehr auffällige) prähistorische Hexentreppe sehr steil gerade hinauf zum *Wurmberg-Gipfel* (Gaststätte, großartige Rundsicht vom Schanzenturm).

Jenseits auf der Asphaltstraße an der Bergstation der Kabinenbahn vorbei, zuletzt in Windungen steiler hinab zur *Stieglitzecke* (Schutzhütte, Granitblock mit Inschrift). Noch etwa 250 Meter auf der Asphaltstraße hinab. Dann zweigt links in spitzem Winkel als erster Weg ein ebener, grasiger Hangweg (Sackweg) ab. Er führt nach etwa 30 Minuten auf die breite Trasse der Großen Wurmberg-Abfahrt. Etwa 100 Meter unterhalb von hier die *Große Wurmberg-Klippe,* (Granit in typischer Wollsackverwitterung). Nun auf der Trasse der Wurmbergabfahrt oder auf einem Pfad unter der Kabinenbahn in wenigen Minuten hinab zum *Rodelhaus* (Gaststätte; daneben die Mittelstation der Kabinenbahn).

Weiter auf der Trasse der Ski-Abfahrt hinab, an der *Kleinen Wurmberg-Klippe* vorbei und etwa 500 Meter weiter unten zum Glashüttenweg. Dieser führt horizontal nach links zum Bremkerborner Weg. Auf diesem in wenigen Minuten zurück zum Ausgangspunkt und nach *Braunlage.*

18 *Wo Heinrich Heine schwärmte …*
Ilsenburg – Ilsestein – Paternosterklippe – Plessenburg – Tänntal – Harzrandweg – Ilsenburg

Verkehrsmöglichkeiten Bahn und Bus nach Ilsenburg. Harzquerbahn von Wernigerode zur Steinernen Renne.
Parkmöglichkeiten In Ilsenburg am Ortsende im Ilsetal.
Wegmarkierungen Bis Plessenburg roter Punkt, im Tänntal grünes und rotes Dreieck. Am Harzrandweg roter Querstrich.
Tourenlänge 12 Kilometer. **Wanderzeit** 3 Stunden.
Höhenunterschiede 300 Meter. Mäßig steiler Aufstieg von Ilsenburg (200 m) zum Ilsestein (474 m).
Karten 1:50 000 Wandern im mittleren Harz.
Anmerkungen Lohnende Wanderung mit großartigen Fern- und Nahblicken, allerdings auch handfesten Höhenunterschieden. Noch beachtlicher werden sie allerdings, wenn man gleich zu

Beginn den Schildern Heinrich-Heine-Weg folgend durch das romantische Tal an den Ilsefällen vorbei und dann nach rechts, zuletzt ab Hermannsklippe gemeinsam mit Wanderung 12, auf den Brockengipfel steigt (ab Parkplatz Blockhauer 10 km, 90 mH Aufstieg). Der Aufstieg durch das romantische Ilsetal über den Heinrich-Heine-Weg ist einer der schönsten Aufstiege zum Brocken (gut beschildert, oberer Teil ist auch in Tour 9 enthalten).

Wissenswertes *Ilsenburg* ist ein traditionsreicher Ort, der um eine Jagdpfalz und ein Benediktinerkloster entstanden ist und in dem seit dem 11. Jahrhundert Eisenverhüttung betrieben wurde. Letztere legte die Grundlagen zu der bis heute intensiven Metallindustrie, die neben dem schon seit dem 19. Jahrhundert beachtlichen Fremdenverkehr die wirtschaftliche Grundlage des Ortes bildete. 1990 wurde die den Ort lange durch Luftverschmutzung belastende Kupferhütte stillgelegt und abgebaut. Sehenswert sind das ehemalige Benediktinerkloster (mit Klosterkirche), das Hüttenmuseum und die Fürst-Stolberg-Hütte. Das frühere Schloß ist jetzt Hotel. – Die Klippen bestehen ebenso wie die des Bodetales, des Brockengebietes, des Eckertales und des Okertales aus dem in der Tiefe erkalteten und deshalb grobkristallinen Granit. Auf dem Ilsestein stand im 11. Jahrhundert eine Burg.

Tourenbeschreibung Im südlichen Ortsteil von *Ilsenburg* vom Parkplatz Blockhauer zu den letzten Häusern im *Ilsetal*, einige hundert Meter vor dem mächtig aufragenden Ilsenstein. Über die Brücke und der Markierung roter Punkt folgend auf Forststräßchen zuerst schräg links, nach einer Spitzkehre dann schräg rechts mäßig steil hinauf zum *Ilsestein* (Treppen und Geländer zum Kreuz, großartiger Ausblick ins Ilsetal und zum Brocken; Gaststätte). Etwas ansteigend weiter (Markierung roter Punkt und grünes x) zur *Ilsesteinquelle* und zur auf dem nächsten Bergsporn gelegenen *Paternosterklippe* (521 m, Brockenblick). Auf Hangweg weiter zur oberhalb von einem flachen Sattel gelegenen *Gaststätte Plessenburg* (597 m).

Nun vom Wegekreuz unterhalb der Plessenburg der Markierung grünes und rotes Dreieck folgend in nordöstlicher Richtung durch das *Tänntal* hinab bis zum Waldrand kurz vor Darlingerode und links auf dem Harzrandweg (Markierung roter Querstrich) zurück nach *Ilsenburg*.

Ilsetal (© Heidi Krumbholz)

19 *Vom Schloß der Reichen zum Armeleuteberg*
Wernigerode – Agnesberg – Christianental – Armeleuteberg – Wernigerode

Verkehrsmöglichkeiten Bahn bis Wernigerode. Citybus.
Wegmarkierungen Straßenschilder, Wegtafeln, von Nöschenrode bis Armeleuteberg grünes Dreieck.
Tourenlänge 11 Kilometer. **Wanderzeit** Etwa 3 Stunden.
Höhenunterschiede Insgesamt 380 Meter. Aufstieg von der Stadt (um 230 m) bis zum Gipfel des Agnesberges (395 m) und von Nöschenrode (um 250 m) auf den Armeleuteberg (478 m).
Wanderkarte 1:50 000 Wandern im mittleren Harz, auch Stadtplan Wernigerode, KV-Verlag.
Anmerkungen Lohnende Wanderung durch und um eine der sehenswertesten Harzstädte. Bei Rückkehr direkt von Nöschenrode 8 Kilometer (180 m Höhenunterschied, 2 Std.).
Wissenswertes *Wernigerode* ist die bedeutendste Stadt am nördlichen Harzrand. Ihre Geschichte ist geprägt von Konflikten zwischen den zeitweilig sehr unfriedlichen Grafen und den immer wieder gegen deren Machtausübung aufmüpfigen Bürgern. Zahl-

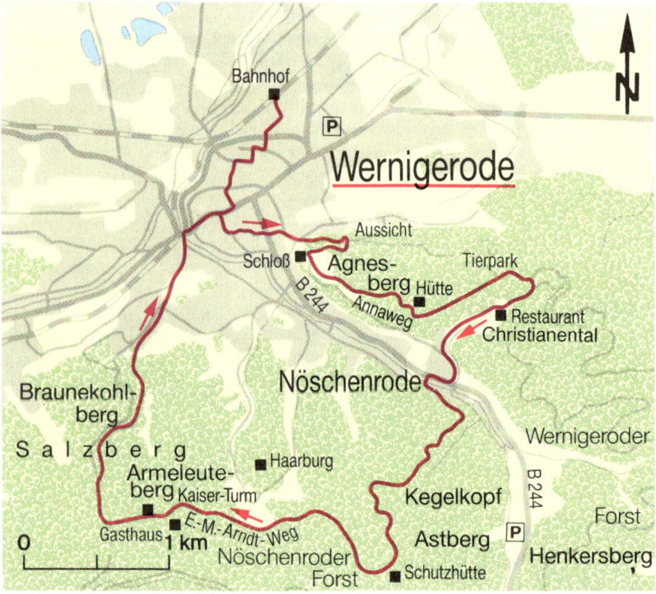

Rathaus in Wernigerode (© Anja Schliebitz) ▶

reiche sehenswerte Bauten wie u. a. Marktplatz mit prächtigem Rathaus (1277 als »Spellhaus« erstmals erwähnt), Marktbrunnen, Gothisches Haus, Harzmuseum u. a. Schloß (ab 12. Jh.) am Agnesberg – heute Museum, Nicolaiplatz, Schalenturm, Theobaldikapelle, viele alte Fachwerkhäuser, besonders schön Oberpfarrkirchhof und Marktstraße. Darüber hinaus ist Wernigerode geprägt von Relikten frühen Bergbaues und Industrie. In Elbingerode am Büchenberg Schaubergwerk.

Schloß Wernigerode (© Harzer Verkehrsverband e.V., Goslar)

Tourenbeschreibung Vom *Bahnhof Wernigerode* – z. B. über die Schreiberstraße, St. Johanniskirche, Neuen Markt und Breite Straße – zum Marktplatz und Rathaus und von dort über Marktstraße, Oberengengasse und Vorwerk zum oberen Ende der Walter-Rathenau-Straße an der Lindenallee. Rechts vom Forstamt und Nationalparkverwaltung den steilen Weg mit alten Bäumen schräg links hinauf zur Schloßchaussee und rechts zum *Schloß* (Aussicht, Museum).

Oberhalb den schmalen Weg steil hinauf zur Kuppe des *Agnesberges* (oberhalb vom Schloß schöner Ausblick), dann jedoch am besten auf dem etwas tiefer weiterführenden Annaweg (Markierung roter Querstrich) weiter. Nach 1 Kilometer leitet dieser links im Bogen in ein Seitental. Hier absteigen zur Häusergruppe *Christianental* (Gaststätte, rechts Tierpark, Teich, Mammutbäume) und rechts die Talstraße rasch hinab zum Parkplatz Christianenweg. Rechts die Tiergartenstraße hinab zur B 244.

Diese und den Bach überqueren zu einem Sträßchen am Wald, das rechts (Pulvergarten) autofern in die Stadt hinableitet.

Hier links weiter, den Weg *Am Vogelsang* und danach rechts den Pisseckeweg (grünes Dreieck) am Hang ansteigend weiter in einem großen Bogen zum Ernst-Moritz-Arndt-Weg (unterhalb auf Bergkuppe idyllische Gaststätte Haarburg) und auf die Kuppe des *Armeleuteberges* (Aussichtsturm). Weiter zum *Försterplatz* und dann rechts (oder auch etwas steiler direkt hinab) zurück nach *Wernigerode.*

20 *Über die felsigste Seite auf den Brocken*
Bahnhof Steinerne Renne – Ottofelsen – Beerenstieg – Leistenklippe – Brocken – Zeterklippen – Stern – Steinerne Renne

Verkehrsmöglichkeiten Nostalgieträchtige Harzquerbahn Wernigerode – Steinerne Renne – Drei-Annen-Hohne – Nordhausen und Brockenbahn Drei-Annen-Hohne – Brocken. Bus Wernigerode – Hasserode (1,5 km vom Bahnhof Steinerne Renne).
Parkmöglichkeiten Unterhalb vom Bahnstop Steinerne Renne.
Wegmarkierungen Zahlreiche Wegtafeln. Brockenbett – Zeterklippen roter Querstrich.
Tourenlänge 28 Kilometer.
Wanderzeit Etwa 7 Stunden.
Höhenunterschiede Insgesamt 900 Meter. Stetig ansteigend vom Bahnhof Steinerne Renne (312 m) bis Kiosk Steinerne Renne (540 m), vom Karlshaus/Ottofels (590 m) bis Leistenklippe (908 m) und vom Brockenbett (900 m) bis Brockengipfel (1142 m).
Wanderkarte 1:50 000 Wandern im mittleren Harz (Fehler: Der Weg vom Brockenbett zu den Zeterklippen fehlt darin, ist jedoch genau eingezeichnet auf der neuen Karte 1:50 000 Wandern im Westharz!).
Anmerkungen Großartige Wanderung zu den raueren Höhen des Harzes in der Kernzone des Nationalparks. Abstiegsalternativen ins Radautal und nach Bad Herzberg (Bus, siehe Wanderung 9), über den Heinrich-Heine-Weg. nach Ilsenburg oder Wanderung 21 nach Schierke sowie die Rückfahrt vom Brockengipfel per Bahn (Einheitspreis!).
Wissenswertes Im Tal der *Goslarschen Gleie* 1 Kilometer nördlich vom Bahnhof Steinerne Renne gab es Kupfererzgruben. Die Felsen »Silberner Mann« und »Silberne Frau« bestehen aus

N
Nationalpark
Brocken
Brockenhaus
1141
Sender
Bhf.
902
740
Zeter-
827
klippen
Sonnen-
klippe
Forst Ohrenfeld
Großer Jägerkopf
725
Zwölferklippen
Schutzhütte
Ohren-
klippen
Molken-
haus
928
Renneckenberg
NSG
901
Am
Brockenbett
Brocken-
kinder
1040
Heinrichshöhe
Hütte
Brockenstraße
Kessel-
klippe
Kanzelklippe
0
1 km
Glashüttenweg
Kapelle
NSG
Pferdekopf
Hohneklippen
Höllenklippe
Grenzklippe
Beerenstieg
Hochharz
Landmannsklippe
643
Arnoldklippe
Hohnebruch
Braunes Wasser
Ottofelsen
Karlshaus
Hohenstein-
klippen
524
585
Renneklippen
Försterei
Gastst.
Steinerne
Renne
Wasser-
fall
527
Steinerne Renne
Hippeln
Kleiner
Birkenkopf
507
Bielstein
Bahnhof
Steinerne Renne
469
Drängetalwasser

Quarzporphyr mit Einlagerungen von Kupferkies (alte Stollenlöcher von Bergbau), Renneklippen, Ottofelsen, Hohneklippen und Zeterklippen aus Granit. Die Schmalspurbahn auf den Brocken ist als höchste Adhäsionsbahn Deutschlands eine Rarität (keine Zahnradbahn, lange Bremswege!). Zu *Brocken* siehe Wanderung 12.

Tourenbeschreibung Vom *Bahnhof Steinerne Renne* links des Baches den Wanderweg talaufwärts. Bald zwischen zwei das Tal verengenden Felsen (»Silberner Mann« und »Silberne Frau«) durch und mit Blick auf die wegen Wasserableitung zu einem Kraftwerk nur noch wenig eindrucksvollen Wasserfälle hinauf zur Gaststätte *Steinerne Renne* (nördlich oberhalb der schroffen Renneklippen). Gegenüber der Gaststätte (vom südlichen Ende der Brücke) auf Fußweg rasch zu breiter Forststraße, die in einer halben Stunde zum *Ottofelsen* leitet (über Eisenleitern von Osten her unschwierig ersteigbar, Aussicht, beliebtes Ziel für Kletterer). Wenig südlich zum *Karlshaus*.

Vom Haus auf schmalem Weg aufwärts, an den Klippen des *Hohnstein* (auch Hohenstein) vorbei, zu einer breiten horizontalen Forststraße. Diese etwa 800 Meter nach links. Dann auf dem wenig auffälligen, uralten Fußweg Beerenstieg aufsteigen zur Gipfelkuppe der Hohne und zur den höchsten Punkt bildenden *Leistenklippe* (908 m, Treppe, Geländer, Aussicht). Nun rechts unter einigen weiteren Felsburgen vorbei weiter und noch vor der Höllenklippe links hinab zu einem flachen Bergsattel. Schräg rechts

Leistenklippe (Hohne) mit abgestorbenen Bäumen (© Richard Goedeke)

weiter (Markierung roter Querstrich) und nach 700 Metern links ansteigend abzweigen (Markierung grüner Querstrich). Nach weiteren 1,2 Kilometern links hinauf zu einem Bergsattel. Von diesem rechts auf Pfad hinauf zur felsigen Kuppe der *Brockenkinder* (Aussicht zum Brocken). In Richtung Brocken absteigen zur Skihütte und rechts rasch zum Forststraßenkreuz *Am Brockenbett* (auch »Eiserner Handweiser«). Von dort auf der Brockenstraße hinauf zum Gipfel des *Brocken.*

Hinab auf dem gleichen Weg bis zum Straßenkreuz *Brockenbett* und noch ein Stück in Richtung Brockenkinder. Dann links den Weg in nördlicher Richtung über den Bergrücken (roter Querstrich) zu den *Oberen Zeterklippen* (929,7 m; Treppen, Geländer, Aussicht). Weiter erst rechts, dann nach links hinab bis zu Schutzhütte bei den *Unteren Zeterklippen.* Jetzt scharf rechts hinab und zum Bergsattel mit dem Forststraßenkreuz *Stern* (773 m). Hier rechts den Weg im Tal der *Holtemme* hinab zu Gaststätte und zum *Bahnhof Steinerne Renne.*

21

Durch das Eckerloch auf den Brocken

Schierke – Eckerloch – Brocken – Glashüttenweg – Ahrensklint – Feuersteinklippen – Schierke

Verkehrsmöglichkeiten Harzquerbahn bis Bahnhof Schierke und Brocken. Bus Braunlage – Elend.
Parkmöglichkeiten Im oberen Ortsteil von Schierke Großparkplatz.
Wegmarkierungen Hinweisschilder. Grünes x bis Brockenstraße und am Glashüttenweg.
Tourenlänge 17 Kilometer.
Wanderzeit 5–6 Stunden.
Höhenunterschiede 540 Meter. Ab Eckerloch steiler Anstieg.
Wanderkarte 1:50 000 Wandern im mittleren Harz.
Anmerkungen Die von Süden kürzeste Route für eine Besteigung des Brockens beginnt im rührigen altehrwürdigen Erholungsort Schierke. Die recht prosaische Brockenstraße wird durch wilde Waldbilder erträglich. Gut ausgeschilderte Kurzwanderung von Schierke nach Süden zu den Schnarcherklippen (30 Min., siehe Skizze; Treppen, Geländer, Aussicht, Kletterfelsen).
Wissenswertes *Brocken* siehe Wanderung 12.

Tourenbeschreibung In *Schierke* von der Kirche auf der Hauptstraße durch den Ort aufwärts und nach dem Ortsende im Tal der *Kalten Bode* noch etwa 1 Kilometer auf der Brockenstraße auf-

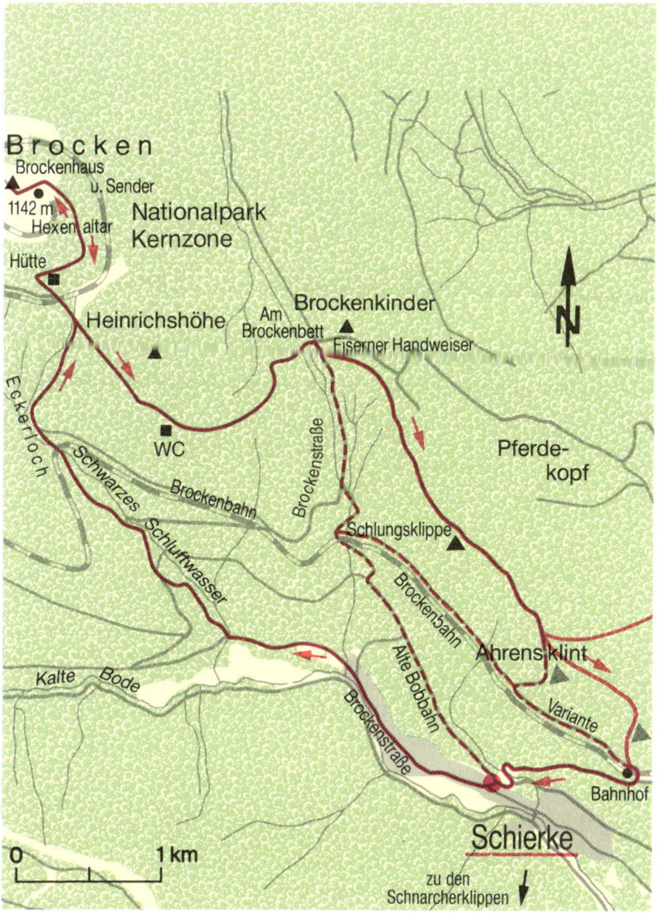

wärts bis zur Einmündung des *Schwarzen Schluftwasserwerks.* Hinter der Brücke, links vom Wasserbehälter, entlang diesem Bach auf dem Fußweg aufsteigen. Weiter oben wird die Brockenstraße wieder überquert und im Tale auf dem *Eckerlochstieg* weiter aufgestiegen. Nach 1 Kilometer über die Gleise der Brockenbahn zum obersten Talabschnitt, dem *Eckerloch.* Darin auf schmalerem Steig weiter ansteigen. Nach etwa 500 Metern nach rechts und durch urigen Wald und ein Gewirr von Felsblöcken über Holzstege gerade hinauf zur Brockenstraße. Diese links aufwärts, bald über die Gleise der Brockenbahn und zur Gipfelfläche des *Brocken* (8 km ab Schierke).

Bahnhof Schierke (© Richard Goedeke)

Hinab auf der Brockenstraße, nach dem Bahngleis gerade weiter im Bogen am Hang der Heinrichshöhe abwärts zum flachen Sattel *Am Brockenbett* (links führt die Straße nach Ilsenburg hinab). Nun geradeaus auf dem Glashüttenweg zuerst fast eben weiter, an den *Schlungsklippen* vorbei und später rechts abzweigend an der Klippe *Ahrensklint* und am *Schierker Feuerstein* vorbei (Kletterfelsen) zum *Bahnhof Schierke.* Auf Fußweg gerade hinab nach *Schierke.*

22 *Unterwegs über den Decken der Tropfsteinhöhlen* **Rübeland – Hoher Kneef – Königshütte – Susenburg – Rübeland**

Verkehrsmöglichkeiten Bahn und Bus nach Rübeland und Königshütte.
Parkmöglichkeiten In Rübeland großer Parkplatz am westlichen Ortsausgang.
Wegmarkierungen Wegtafeln.
Tourenlänge 16 Kilometer. **Wanderzeit** 4 Stunden.
Höhenunterschiede Insgesamt etwa 200 Meter. Steiler Aufstieg von Rübeland (378 m) zum Hohen Kneef (446 m).
Wanderkarte 1:50 000 Wandern im mittleren Harz.
Anmerkung Landschaftlich abwechslungsreiche Wanderung im Bereich des Oberen Bodetales mit allerlei kulturhistorischen

Relikten. Durch Benutzung der Busverbindungen läßt sie sich in zwei etwa gleich lange Teilstrecken aufteilen.

Wissenswertes Rübeland und das obere Bodetal liegen im Verbreitungsgebiet von *Massenkalken,* die – ebenso wie die des Westharzes bei Bad Grund – als Meeresablagerungen der Devonzeit entstanden sind und die auch Karsterscheinungen mit Höhlen aufweisen. Zwei dieser Höhlen liegen südlich von Elbingerode im Bereich des Ortes Rübeland und sind für Besucher zugänglich gemacht (Baumannshöhle und Hermannshöhle; weit lohnender als die bei Bad Grund zugänglich gemachte Höhle). In der Umgebung des Ortes wird der Kalk für Industriezwecke in großem Stile abgebaut. Im Bereich von Königshütte werden schon seit fast 1000 Jahren Eisenerze verhüttet (Bodenfunde am Papenberg, nördlich von dem die wüst gewordene Pfalz Bodfeld lag, von der nur noch Grundmauern einer Kirche erhalten sind). Die Königsburg (Ruine), die Susenburg (nur einige in Fels gehauene Stufen und Zisterne erhalten) und die Burg Birkenfeld (Ruine) dienten früher dem Schutz wichtiger Handelswege.

Südlich des Bereiches der Wanderung liegt die riesige *Rappbodetalsperre.* Ihr Hauptspeicher faßt 110 Millionen Kubikmeter Wasser und dient vorrangig als Trinkwasserspeicher für die ökologisch angeschlagenen Industriegebiete um Halle und Magdeburg, außerdem zum Hochwasserschutz. Südlich des Stausees liegen auf der Hochfläche die am Erholungsverkehr orientierten Orte Hasselfelde und Stiege.

Pavillon Hoher Kneef (© Richard Goedeke)

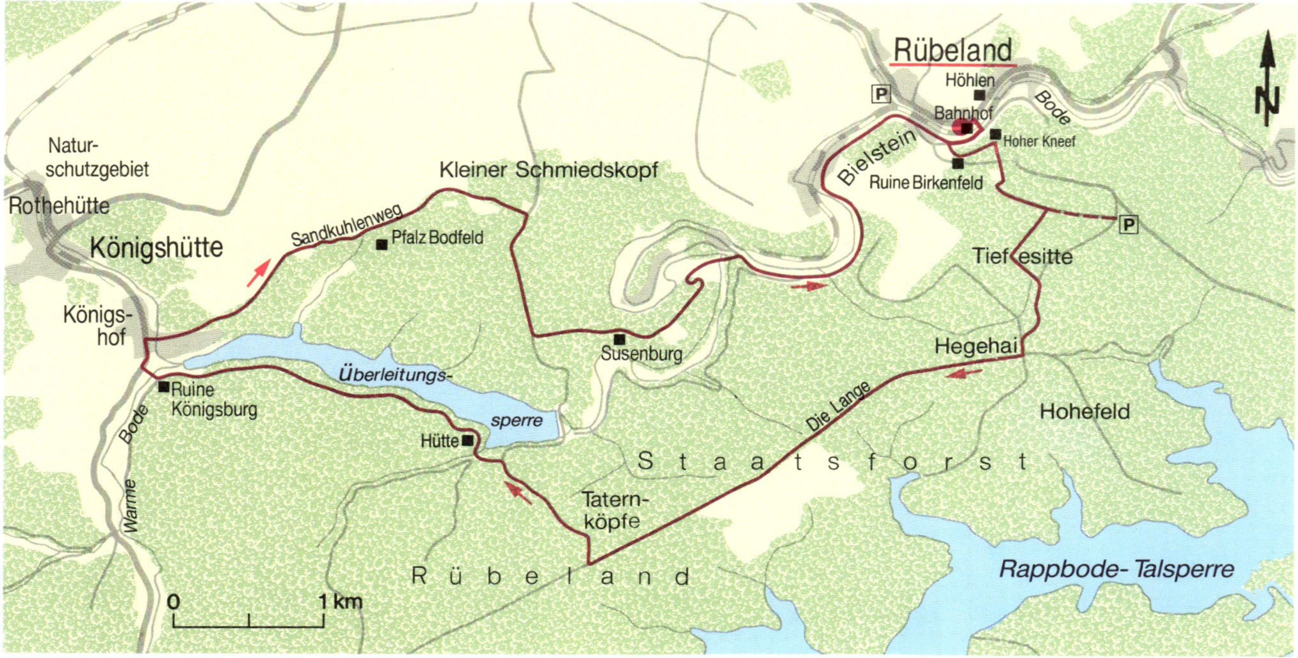
Rübeland
Höhlen
Bahnhof
Bode
Hoher Kneef
Bielstein
Ruine Birkenfeld
Tiefesitte
Hegehai
Hohefeld
Die Lange
Staatsforst
Rübeland
Rappbode-Talsperre
Natur-
schutzgebiet
Rothehütte
Königshütte
Kleiner Schmiedskopf
Sandkuhlenweg
Pfalz Bodfeld
Königs-
hof
Susenburg
Überleitungs-
sperre
Ruine
Königsburg
Hütte
Tatern-
köpfe
Warme
0
1 km

Tourenbeschreibung In *Rübeland* beim Bahnhof über die Brücke zum *Höhlenrestaurant* und rechts der Straße folgen, bis links ein steiler Zickzackpfad hinaufführt zur *Ruine Birkenfeld.* Von dort links auf und neben dem felsigen Bergrücken zum Pavillon *Hoher Kneef* (Blick auf Rübeland und bis zum Brocken).

Den Fußweg etwa 100 Meter weiter und dann rechts hinab zu einem Friedhof. Um diesen links herum und auf dem linken Schotterweg ansteigend bis zum Wegekreuz am Waldrand. Rechts auf Schotter- und bald Grasweg hinauf (weiter Ausblick) und über die Kuppe *Tiefesitte,* zuletzt links auf Querweg zu einer Betonstraße. Auf dieser rechts weiter 800 Meter zu einem Wegekreuz. Hier rechts auf der eindrucksvoll geraden Straße (die *Lange*) nach knapp 2 Kilometern zu Wiesen. An diesen entlang und nach ihrem Ende noch etwa 1 Kilometer über die *Taternköpfe* weiter zur Abzweigung einer Forststraße. Diese rechts hinab zum Stausee der *Überleitungssperre.* Auf dem südlichen Ufer bleibend an dieser entlang bis zum Ende des Stausees. Nun links hinauf zur *Königsburg* (Ruine, Aussicht bis zum Brocken). Zurück hinab, zur Autostraße und rechts entlang dieser rasch nach *Königshütte.*

Nun nördlich der Überleitungssperre vom Ort ansteigend auf dem Sandkuhlenweg (blauer Querstrich) am Waldrand entlang, an der Ortsstelle der ehemaligen Pfalz Bodfeld vorbei zur flachen Kuppe des Schmidtberges und gleich danach zu einer breiten Schotterstraße. Diese rechts etwa 1,5 Kilometer weiter zur Abzweigung einer Straße nach links. Auf dieser etwas abwärts zur rechts gelegenen felsigen Kuppe mit der *Ruine Susenburg* (Felsen,

Rappbodetalsperre (© Richard Goedeke)

Rübeland (© Richard Goedeke)

hübscher Blick auf die weit geschwungenen Talmäander der Bode). Die Straße weiter hinab zum Ortsteil *Hahnenkopf*, über die Brücke und, an Halden und Steinbrüchen vorbei, entlang der Bode auf der Straße zurück nach *Rübeland*.

23 *Über den Sägegrat aus Sandstein*
Blankenburg – Helsunger Krug – Timmenrode – Teufelsmauer – Großvaterstuhl – Blankenburg

Verkehrsmöglichkeiten Bahn bis Blankenburg. Bus Blankenburg – Timmenrode – Thale.
Parkmöglichkeiten In Blankenburg und Timmenrode.
Wegmarkierungen An der Teufelsmauer blauer Punkt und EW11.
Tourenlänge 8 Kilometer.
Wanderzeit 2–3 Stunden.
Höhenunterschiede Etwa 170 Meter. An der Teufelsmauer gelegentlich auf kurzen Strecken steil und luftig.
Wanderkarte 1: 50 000 Wandern im mittleren Harz.
Anmerkung Klassische Wanderung mit prächtigen Ausblicken.
Wissenswertes Das bei den häufigsten Windrichtungen im Windschatten des Brockens klimatisch begünstigt gelegene *Blankenburg* war Bergbau- und Residenzstadt mit sehenswertem, ganz unter Denkmalschutz stehendem alten Ortskern (Ackerbürger-

Blankenburger Teufelsmauer (© Stadt Blankenburg/Sigrid Böhm)

Blankenburg, Kleines Schloß (© Anja Schliebitz)

Häuser; Schloß 12. und 18. Jh.; Renaissance-Rathaus u. a.) und jüngerer Industrie (Metallverarbeitung). – Die *Teufelsmauer* besteht aus Schichten des weichen Quadersandsteins der Kreidezeit, die bei der Heraushebung des Harzes nach oben verbogen wurden. Aus der gleichen geologischen Epoche stammen die Neinstedter und Ballenstedter Teufelsmauer und das 3 Kilometer nördlich von Blankenburg gelegene Massiv des Regensteins (Burgreste 5. Jh., Gaststätte; von Blankenburg über Weinbergstraße und Raubgrafentunnel in etwa 1 Std. erreichbar). Im östlichen Teil des Regenstein aus DDR-Zeiten ausgedehnte Bunkeranlagen. Beim westlich von Blankenburg gelegenen Kloster Michaelstein geologischer Wanderweg und Mühlenwanderweg. Am Schloß auch behindertengerechte Kurzrundwege.

Tourenbeschreibung In *Blankenburg* vom Jugendgästehaus (am östlichen Ortsrand nördlich unterhalb vom Westende der Teufelsmauer) auf dem bequemen Weg durch den *Heidelberg* (Buchenwald) zum *Helsunger Krug.* Von dort entlang Straße weiter, über die Bahn zum Nordrand von *Timmenrode.* Vom Sportplatz durch Kirschplantagen zur Felsgruppe *Hamburger Wappen* (fast zum höchsten Punkt besteigbar, Aussicht; nordseitig aus dem Fels gehauene Höhlen als Teil einer alten Burganlage, Kucksburg).

Auf dem schmalen Pfad dem Kamm der *Teufelsmauer* in westlicher Richtung folgen, am *Ludwigfelsen* vorbei, später durch Kiefernwald abwärts zu markanter Einsattelung über dem Tälchen

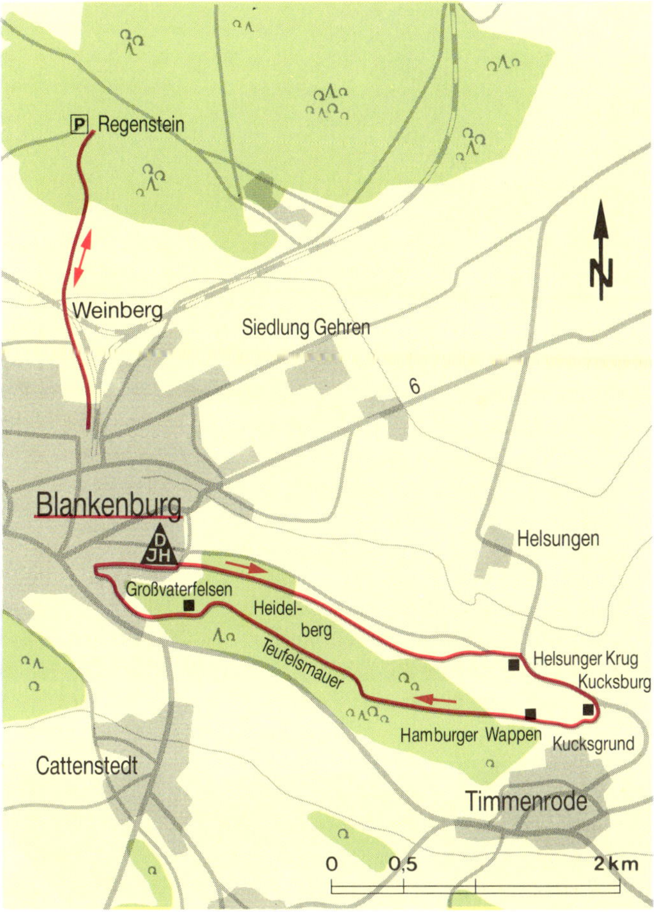

des *Sautrog* (rechts unterhalb im Tälchen Schutzhütte, rechts davon Klippe mit großem Überhang). Steil hinauf zur teilweise recht schmalen Fortsetzung des felsigen Kammes der Teufelsmauer. Abwechslungsreich und teilweise anspruchsvoll (z. T. Geländer und Schutzgitter, aber auch Parallelwege) weiter bis zum *Großvaterfelsen* (331 m, Treppen, Geländer, schöne Aussicht auf die Stadt, unterhalb Gaststätte). Von hier südlich rasch hinab zur Straße am östlichen Ortsausgang von *Blankenburg*.

Auf der Blankenburger Teufelsmauer (© Richard Goedeke)

An der Luppbode im oberen Bodetal (© Richard Goedeke)

24

Durch den Grand Canyon des Harzes

Thale – Hexentanzplatz – Treseburg – Bodetal – Thale

Verkehrsmöglichkeiten Bahn bis Thale. Seilbahn Thale – Hexentanzplatz. Bus Thale – Treseburg.
Parkmöglichkeiten In Thale Großparkplätze am Hexentanzplatz und im Ort am Busbahnhof.
Wegmarkierungen Hexentanzplatz – Treseburg roter Punkt. Wegtafeln. Treseburg – Thale blaues Dreieck.
Tourenlänge 20 Kilometer (reduzierbar, siehe Anmerkung).
Wanderzeit 5–6 Stunden.
Höhenunterschiede Insgesamt 350 Meter. Steiler Anstieg von Thale (200 m) zum Hexentanzplatz (451 m).
Wanderkarte 1:50 000 Wandern im mittleren Harz.
Anmerkung Dies ist sicher die eindrucksvollste von allen Harzwanderungen überhaupt. Diese Rundtour setzt die stärksten landschaftlichen Eindrücke an den Anfang und – mit einer allmählichen stetigen Steigerung – an das Ende der Strecke. Ebenso sind die wesentlichen Aufstiegsmühen nach der ersten Wegstunde abgeleistet.

Wem die Länge der Tour Probleme bereitet, der kann den Aufstieg durch eine Seilbahnfahrt ersetzen oder die Tour mit Hilfe der Busverbindung von bzw. nach Treseburg aufteilen. Eine Kürzungsmöglichkeit ohne öffentliche Verkehrsmittel bietet der Abstieg vom Tiergehege über den Zickzackweg durch den Hirschgrund hinab zur Bode und zur Gaststätte Königsruh (dann 6 km, 2–3 Std., 250 Meter Höhenunterschied Aufstieg). Empfehlenswert ist auch die kürzere Rundtour Jugendherberge/Kleiner Waldkater – Präsidentenweg – Bülowshöhe – Roßtrappe-Hotel – Roßtrappe – Schurre – Teufelsbrücke und dann wie beschrieben zurück (6 km, 2–3 Std., 250 Meter Höhenunterschied Aufstieg, bei Benutzung des Sesselliftes zum Roßtrappe-Hotel 45 Min. weniger).
Wissenswertes *Thale* ist seit der Jungsteinzeit Siedlungsplatz. Die Felskanzeln von Roßtrappe und Hexentanzplatz waren vorgeschichtliche Kultstätten und Fluchtburgen (vgl. auch Roßtrappensage von der durch einen Zauberer verfolgten Prinzessin Ilse und ihrem verzweifelten Sprung von der Roßtrappe über das Bodetal – besonders erstaunlich daran, daß das Pferd dabei ausweislich des mächtigen Hufabdruckes im Roßtrappefelsen rückwärts gesprungen sein muß…).

Die bei Thale und Treseburg vorkommenden Erze wurden schon früh auf der Energiebasis Holzkohle an Ort und Stelle verhüttet. Die riesigen Hüttenanlagen einschließlich sattem Grund-

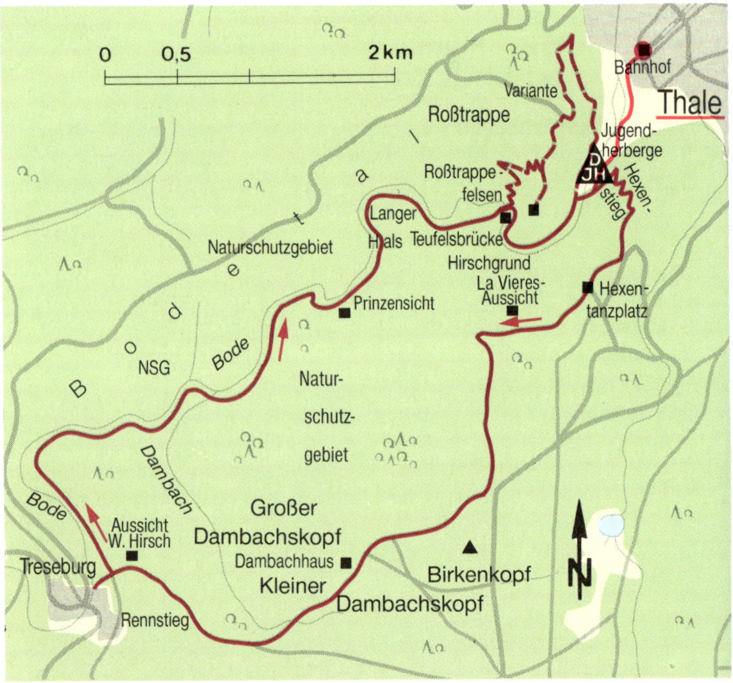

besitz wurden nach der Wende unter der ehemaligen niedersächsischen Wirtschaftsministerin von der Treuhand an den ehemaligen niedersächsischen Ministerpräsidenten Ernst Albrecht für eine Mark »verkauft«. 1790 wurde zur Erleichterung der Flößerei der bis dahin im Bodekessel vorhandene natürliche Wasserfall gesprengt. Das in der engen Schlucht eindrucksvolle Frühjahrshochwasser ist allerdings seit dem Bau der Talsperre im Oberlauf abgeschafft. Den intensiven Fremdenverkehr gibt es in dem Gebiet seit dem 19. Jahrhundert. Die aus jener Zeit stammenden rostigen und teils verbogenen Geländer an den Aussichtspunkten und luftigen Wegstrecken waren zwar hier und da sanierungsbedürftig, hätten jedoch in diesem großartigen Naturschutzgebiet einen sensibleren Ersatz verdient gehabt als mit den klotzigen Nirostakonstruktionen der Nachwendezeit…

Tourenbeschreibung Vom *Bahnhof Thale* durch den Park und die Hubertusstraße und dann auf dem Ostufer an der Bode entlang zur Jugendherberge und *Gaststätte Kleiner Waldkater* am Eingang des engen Talabschnittes. Gleich hinter dem Haus links hin-

Großes Hirschhorn (Bodetal, links Hexentanzplatz) (© Richard Goedeke)

auf und nach einigen Kehren einige Minuten links bis unter die Seilbahn. Dort den Zickzackweg des Hexenstiegs hinauf, am Bergtheater vorbei zur *Walpurgishalle* und weiter empor zum *Hexentanzplatz* (Hotel, großartige Aussicht auf Bodetal, Roßtrappenfelsen und Brocken).

In westlicher Richtung am Rand der Steilhänge entlang der *La Viereshöhe* zur *Prinzenaussicht* (Tiefblick) und dann links über die Hochfläche zur Autostraße. Diese gleich nach schräg rechts verlassen und durch Wald zum *Pfeilsdenkmal* und zum *Dammbachhaus.* Danach das Tal des *Dammbaches* queren und zum *Weißen Hirsch*. Zuletzt steil hinab nach *Treseburg.*

Im Ort rechts, auf dem östlichen Ufer der *Bode,* weiter. Zunächst durch Buchenwald, später am Ausgang des *Dammbachtales* an großen alten Fichten vorbei. Nach weiteren zwei Kilometern erreicht man den Felssporn des *Langen Hals.* Danach geht es hinab in den *Bodekessel* und über die *Teufelsbrücke* auf das westliche Ufer (Abzweigung des steilen Zickzackweges der »Schurre« hinauf zum Roßtrappefelsen). Auf dem Wanderweg oberhalb der über Blockwerk und Kolke dahinrauschenden Bode und mit Durchblicken zu den an den Talhängen imposant aufragenden Felsszenerien talabwärts. An der *Gaststätte Königsruhe* und dem wenig flußabwärts fußenden *Goethefelsen* vorbei zur *Jungfernbrücke* am *Waldkater* und zurück nach *Thale.*

25 *Burgenrunde*
Stecklenberg – Stecklenburg – Lauenburg – Vorburg – Wurmbachtal – Stecklenberg

Verkehrsmöglichkeiten Bahn bis Gernrode. Bus bis Stecklenberg.
Parkmöglichkeiten In Stecklenberg.
Wegmarkierungen Bis Lauenburg Fernwanderweg E 11.
Tourenlänge 4 Kilometer
Wanderzeit Etwa 2 Stunden.
Höhenunterschiede 200 Meter. Steiler Anstieg bis Lauenburg.
Wanderkarte 1:50 000 Ostharz.
Anmerkung Reizvolle Kurzwanderung zu drei Burgruinen.
Wissenswertes Die *Stecklenberger Kirche* wurde aus Baumaterial erstellt, das von der Ruine der Stecklenburg gebrochen worden war. Im Wurmbachtal Granitfelsen des Ramberg-Plutons.

Tourenbeschreibung In *Stecklenberg* von der Kirche hinauf zur Ruine der *Stecklenburg.* Im Laubwald über kleinen Rücken neben

Tälchen steil hinauf bis vor die ausgedehnte Ruine der *Lauenburg.* Rechts vor den Mauerresten dem Pfad folgen und zum Wohlfahrtsheim (Aussicht) und der *Kleinen Lauenburg* (Vorburg). Hinab zu Bergsattel und rechts der Forststraße folgend hinab ins *Wurmbachtal.* In dessen Grunde zurück nach *Stecklenberg.*

26

Vom Romanikbau zum Ramberg

Gernrode – Viktorshöhe – Bärendenkmal – Bremer Teich – Steinbachtal – Gernrode

Verkehrsmöglichkeiten Bahn oder Bus bis Gernrode. Bus bis Friedrichsbrunn.

Parkmöglichkeiten In Gernrode Parkplätze »Zur Selketalbahn« und »An der Stiftskirche«. Auch am Sattel oberhalb Friedrichsbrunn.

Wegmarkierungen Gernrode bis Viktorshöhe rotes x.

Tourenlänge 16 Kilometer (von und bis Bahnhof).

Wanderzeit Etwa 3–4 Stunden.

Höhenunterschiede 380 Meter. Stetiger Anstieg von Gernrode bis Viktorshöhe (582 m), steil auf den letzten 1,5 Kilometern.

Wanderkarte 1:50 000 Ostharz.

Anmerkung Reizvolle Rundwanderung nahe dem Harzrand. Von der Viktorshöhe kann man in zuerst südwestlicher Richtung über den Bergrat-Müller-Teich das hübsche Straßendorf Friedrichsbrunn erreichen.

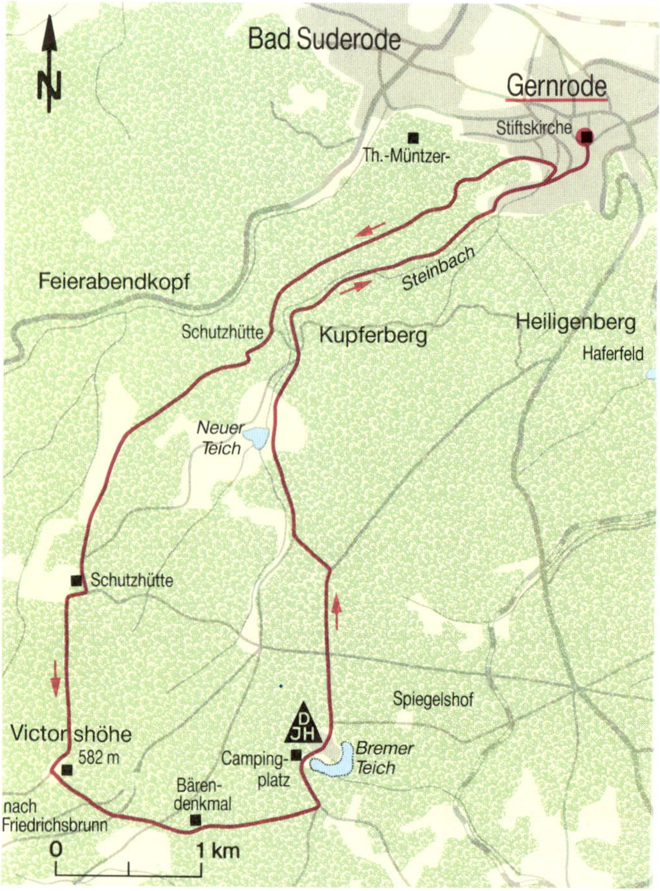

Wissenswertes In *Gernrode* Stiftskirche von eindrucksvoller Schlichtheit (10. Jh.; romanische Basilika). Westlich davor ein Exemplar der selten gewordenen Elsbeere.

Die *Viktorshöhe* ist der Gipfel des Rambergs, dessen Gesteine als Zentrum eines großen Granitkomplexes entstanden sind. 2,5 Kilometer südwestlich Reste der Erichsburg.

Bad Suderode ist ruhiger Kurort. Oberhalb im Kalten Tal alte Bergwerksstollen, Teiche und hübscher Kurpark mit Steinsammlung und Beispiel für gelungene Bausanierung.

Tourenbeschreibung In *Gernrode* von der *Stiftskirche* aufwärts zu den letzten Häusern an der Mündung des *Steinbachtals.* Dort rechts hinauf auf den Bergsporn (schöner Blick auf die Stadt, rechts Preußen-Turm). Nun den Wanderweg (rotes x) über den Bergrücken parallel zum Steinbachtal aufwärts, zuletzt steiler, zur *Viktorshöhe* (hölzerner Aussichtsturm).

Auf der Gipfelkuppe zur *Kleinen Teufelsmühle* (Granitklippe). Dort links die Schneise (Strommasten) hinab, über drei Querwege hinweg, am *Bärendenkmal* vorbei und zuletzt links zum *Bremer Teich* (JH, Camping). Auf der Zufahrtsstraße etwa 1 Kilometer in Richtung Gernrode, dann schräg links auf Fußweg (Markierung grünes Quadrat) weiter zu einer Forststraße. Diese rechts hinab zum *Neuen Teich* und entlang dem *Steinbach* durch das Tal hinunter nach *Gernrode.*

Gernrode, Stiftskirche (© Richard Goedeke)

27 *Durch das lieblichste Tal des Harzes*
Mägdesprung – Selketal – Ballenstedt – Gernrode

Verkehrsmöglichkeiten Bahn bis Gernrode und Ballenstedt. Selketalbahn von Gernrode nach Mägdesprung.
Parkmöglichkeiten Meist problemlos in Gernrode und Mägdesprung sowie an der Selkemühle.
Wegmarkierungen Im Selketal und bis Ballenstedt blauer Punkt, Abstecher zur Burg Falkenstein roter Querstrich, Harzrand Wegschilder Richtung Gernrode.
Tourenlänge 23 Kilometer.
Wanderzeit 4 bis 5 Stunden.

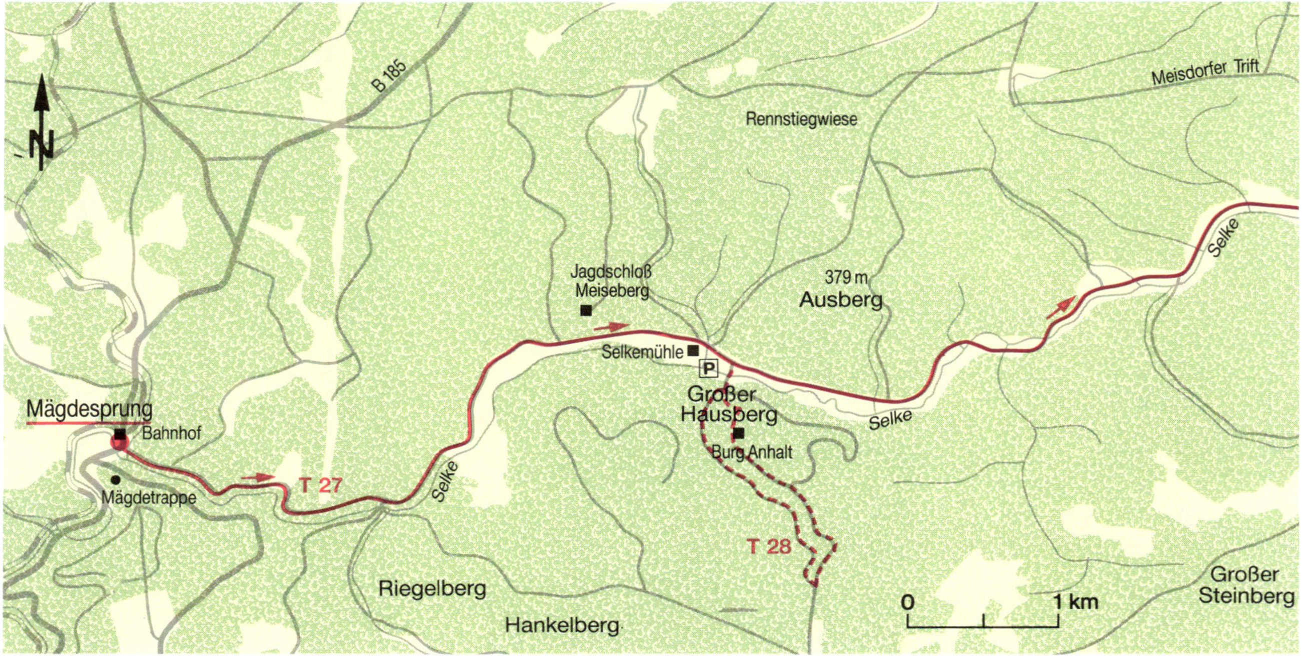
N
B 185
Meisdorfer Trift
Rennstiegwiese
Jagdschloß Meiseberg
379 m
Ausberg
Selkemühle
P
Selke
Mägdesprung
Bahnhof
Mägdetrappe
T 27
Großer Hausberg
Burg Anhalt
T 28
Riegelberg
Hankelberg
0
1 km
Großer Steinberg

In Mägdesprung (© Richard Goedeke)

Höhenunterschiede Insgesamt etwa 250 Meter. Steiler Aufstieg vom Selketal zur Burg Falkenstein und zum Eckartsberg.
Wanderkarte 1:50 000 Freizeit im Harz, KV-Verlag; auch Der Harz mit Kyffhäuser, Schmidt-Buch-Verlag.
Anmerkung Großzügige Wanderung durch eins der lieblichsten Täler des gesamten Harzes und entlang dem Harzrand. Die Route kann bei Benutzung der Bahn Gernrode – Mägdesprung gut zu einer Rundtour geschlossen werden. Dagegen ist eine Kürzung von Selkemühle nach Ballenstedt nicht ratsam, weil man dann die schönsten Talabschnitte vermeidet.
Wissenswertes In dem von schönen Talmäandern geprägten *Selketal* alte Tradition von Bergbau (vgl. Erbstollen) und Metallverarbeitung (Friedrichshämmer, Eisengießerei Mägdesprung).

In *Ballenstedt* u. a. Schloß (18. Jh.) und Heimatmuseum. – Zu *Gernrode* siehe Tour 26, zu *Falkenstein* siehe Tour 29.

Tourenbeschreibung Von *Mägdesprung* Fußweg gegenüber der nur für Ausflugsverkehr zur Selkemühle befahrenen Straße das hübsche, gewundene *Selketal* abwärts, an den *Friedrichshämmern*, dem *Erbstollen* und einer Touristenstation vorbei, nach 4 Kilometern zur *Selkemühle.* Nun ganz autofrei das idyllische Wiesental mit wechselnden Nah- und Fernblicken hinab, unter der *Burg Falkenstein* vorbei zur Gaststätte Talmühle und weiter talauswärts. Gegenüber der *Gaststätte Zum Falken* in nordwestlicher Richtung den Talhang steil hinauf auf die Kuppe des *Eckartsberges.* In gleicher Richtung abwärts mit Gegensteigungen die bewaldeten

Berghänge queren zum Waldrand (Kohlenschacht). Nun den Harzrandweg immer am Waldrand oberhalb von Ballenstedt entlang zum *Schloß Ballenstedt.* Durch den Schloßpark, den Schildern in Richtung Gernrode folgend, am Waldrand weiter (Ausblicke ins Vorland, u. a. zum Gegenstein und zur Rosenburg) zurück nach *Gernrode.*

Kleiner Gegenstein bei Ballenstedt (© Richard Goedeke)

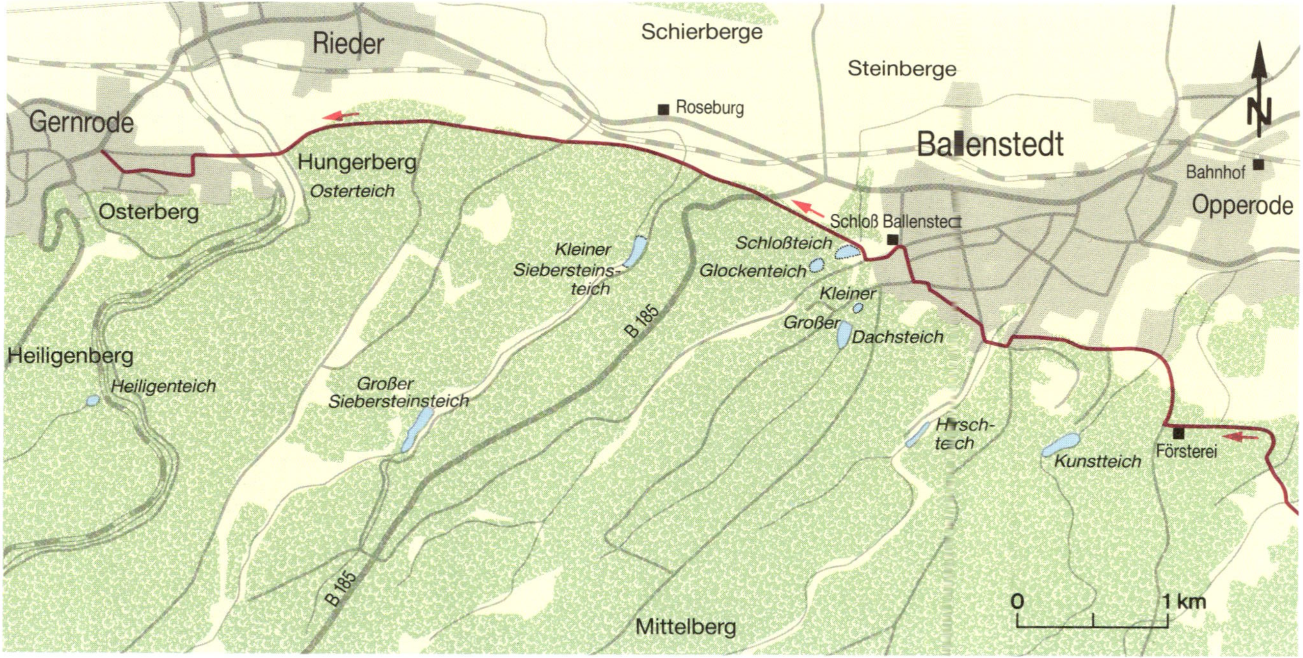
Rieder
Schierberge
Steinberge
N
Roseburg
Gernrode
Hungerberg
Osterteich
Osterberg
Ballenstedt
Bahnhof
Opperode
Schloß Ballenstedt
Schloßteich
Glockenteich
Kleiner
Siebersteins-
teich
Kleiner
Großer
Dachsteich
B 185
Heiligenberg
Heiligenteich
Großer
Siebersteinsteich
Hirsch-
teich
Kunstteich
Försterei
B 185
Mittelberg
0
1 km

28 *Zur Stammburg der Anhaltiner*
Selkemühle – Burg Anhalt – Selkemühle

Verkehrsmöglichkeiten Selketalbahn bis Mägdesprung, auch bis Harzgerode. Bus bis Selkemühle.
Parkmöglichkeiten An der Selkemühle.
Wegmarkierungen Hinweisschilder.
Tourenlänge 4 Kilometer. **Wanderzeit** Etwa 1 Stunde.
Höhenunterschiede 170 Meter.
Wanderkarten 1:50 000 Der Harz, Schmidt-Buch-Verlag.
Anmerkung Kurzwanderung zu Burgruine in Laubwald. Kann auch von Mägdesprung auf Wanderweg (3,5 km) oder von Harzgerode über die Friederikenstraße erreicht werden (6 km). Wer den steilen Abstieg von der Ruine scheut, kann auch zurückgehen zur Rechtskurve der Forststraße und diese hinab gehen (1,5 km mehr). – *Skizze siehe Tour 27.*

Burg Falkenstein (© Verwaltungsgemeinschaft »Falkenstein/Harz«)

Wissenswertes Die *Burg Anhalt* ist gründlich zerstört (am Modell auf dem Rasen vor dem Schloß in Ballenstedt ist mehr zu sehen). – *Harzgerode* ist eine alte Bergwerkstadt (Schloß, Marienkirche, Reste von Stadtmauer, Teiche). Weitere Bergbaurelikte bei Silberhütte, Straßberg (Bergwerksmuseum, Grube Glasebach) und im Selketal. Dort auch Touristenstation, Zeltplatz.

Tourenbeschreibung Von der Gaststätte *Selkemühle* über die Brücke und in Richtung Wilhelmshof/Harzgerode im Tal etwa 2 Kilometer aufwärts. Dann scharf links auf Hangweg (Schild) zuerst fast auf gleicher Höhe bleibend weiter. Nach 700 Metern bei scharfer Rechtskurve der Forststraße geradeaus auf Fußweg über den schmalen Bergrücken (hübsche Waldszenerien) zur Ruine der *Burg Anhalt* auf der Kuppe des *Hausberges.* Unterhalb vom Rest des Burgturms westseitig und später nordseitig auf altem Fußweg, der teilweise als Hohlweg ausgebildet ist, steil absteigen ins Selketal und zur *Selkemühle.*

29 *Rund um die Burg Falkenstein*
Meisdorf-Zum Falken – Burg Falkenstein – Friederikenstraße – Selketal – Zum Falken

Verkehrsmöglichkeiten Regionaler Bus bis Meisdorf.
Parkmöglichkeiten Am Ausgang des Selketales und auf der Hochfläche an der Straße Meisdorf – Pansfelde beim Gartenhaus.
Wegmarkierungen Hinweisschilder, bis Hochfläche x (E11).
Tourenlänge 10 Kilometer (von und bis Meisdorf 15 km).
Wanderzeit Etwa 2 Stunden (von und bis Meisdorf 3 Std).
Höhenunterschiede 100 Meter. Mäßig steiler Aufstieg zur Burg.
Wanderkarte 1:50 000 Wandern im Ostharz.
Anmerkung Lohnende Rundwanderung, die den schönsten Teil des Selketales mit einbezieht. Teilstück des Europäischen Fernwanderweges E 11.
Wissenswertes Die *Burg Falkenstein* hatte das Privileg unter allen Harzburgen, niemals eingenommen und unfreundlich rückgebaut worden zu sein. – In dem von schönen Talmäandern geprägten *Selketal* alte Tradition von Bergbau (vgl. Erbstollen) und Metallverarbeitung (Friedrichshämmer, Eisengießerei Mägdesprung).

Tourenbeschreibung Von der Gaststätte *Zum Falken* (Parkplatz) auf stetig ansteigendem Fußweg am Talhang hinauf zur *Burg Falkenstein* (Gaststätte). Den Weg auf dem Bergrücken zur

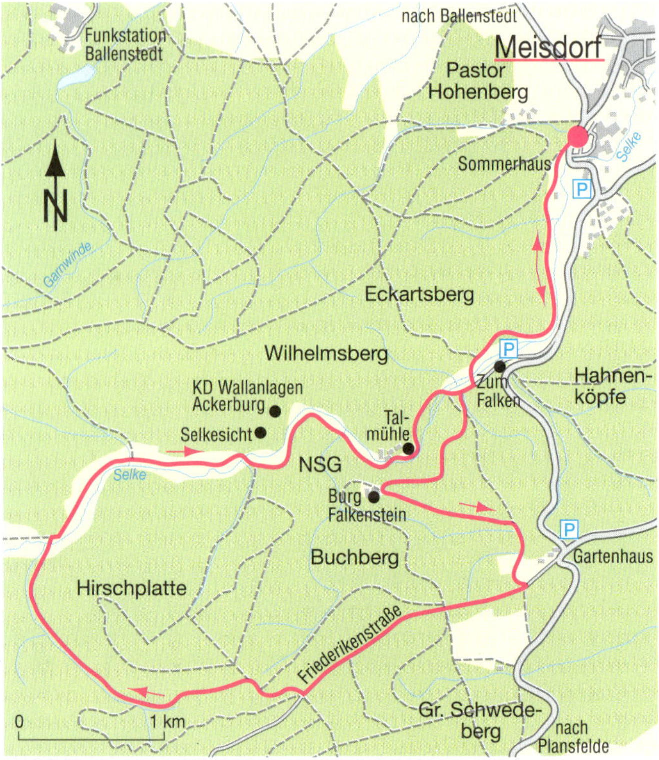

Hochfläche. Nach etwa 15 Minuten zu Querstraße. Nun den Fernwanderweg verlassen und rechts in Richtung Harzgerode auf der Friederikenstraße 2 Kilometer weiter. Dann rechts durch ein Seitental hinab in den Grund des *Selketales*. Darin abwärts zur *Talmühle* (Gaststätte) und zurück *Zum Falken*.

30 *Über den Miniharz zum Maxidenkmal*
Kelbra – Rothenburg – Burg und Denkmal Kyffhäuser – Kulpenberg – Kirchtal – Kelbra

Verkehrsmöglichkeiten Bus von Kelbra oder Bad Frankenhausen zum Kulpenberg und zum Kyffhäuser-Denkmal.
Parkmöglichkeiten An der Kyffhäuser-Oberburg, am Fernsehturm Kulpenberg und in Tilleda.
Wegmarkierungen Kelbra bis Kyffhäuser-Denkmal blaues x .

Kyffhäuser (© Anja Schliebitz)

Tourenlänge 15 Kilometer. **Wanderzeit** Etwa 4 Stunden.
Höhenunterschiede 350 Meter.
Wanderkarte 1:50 000 Der Harz, Schmidt-Buch-Verlag.
Anmerkung Sehr lohnende Rundwanderung zu einigen der bekanntesten Ziele des wegen seiner Aussichtspunkte berühmten Kyffhäuser. Durch Nutzung der Buslinien kann sie gekürzt werden. Alternative für den Rückweg: Erst Weg in Richtung Tilleda (gelbes Quadrat) zum Waldrand und daran entlang (grüner Punkt) zurück nach Kelbra (dann insgesamt 13 km).
Wissenswertes Der dem Harz südöstlich vorgelagerte *Kyffhäuser* ist geologisch eine Miniaturausgabe des Harzes: An der Nordseite der Pultscholle sind durch eine markante Verwerfung Gesteine des Karbons bis an die Oberfläche gehoben, während südseitig den älteren Gesteinen noch Schichten des Zechstein auflagern. Diese zeigen ebenso wie am südlichen Harzrand die typischen Formen von Salzablaugung (Senke der Goldenen Aue) und von Gipskarst mit Höhlenbildung und Erdfällen (vgl. Bad Frankenhausen, Barbarossahöhle).

In *Kelbra* alte Kirchen (St. Martini, 9. Jh.; Klosterkirche St. Georgii, 13. Jh, 16. Jh. neu; Burgruine mit Wehrkirche, 14. Jh.); Rathaus, 18. Jahrhundert; sehenswerte Fachwerkhäuser. – Die Ruinen der Rothenburg sind durch Ausgrabungen freigelegt. Imposanter ist die terrassenförmig gegliederte ehemalige Reichsburg Kyffhäuser (457 m), die unter geschichtsklitternder Verbrämung der Barbarossasage Kultstätte für allerlei burschenschaftliche und

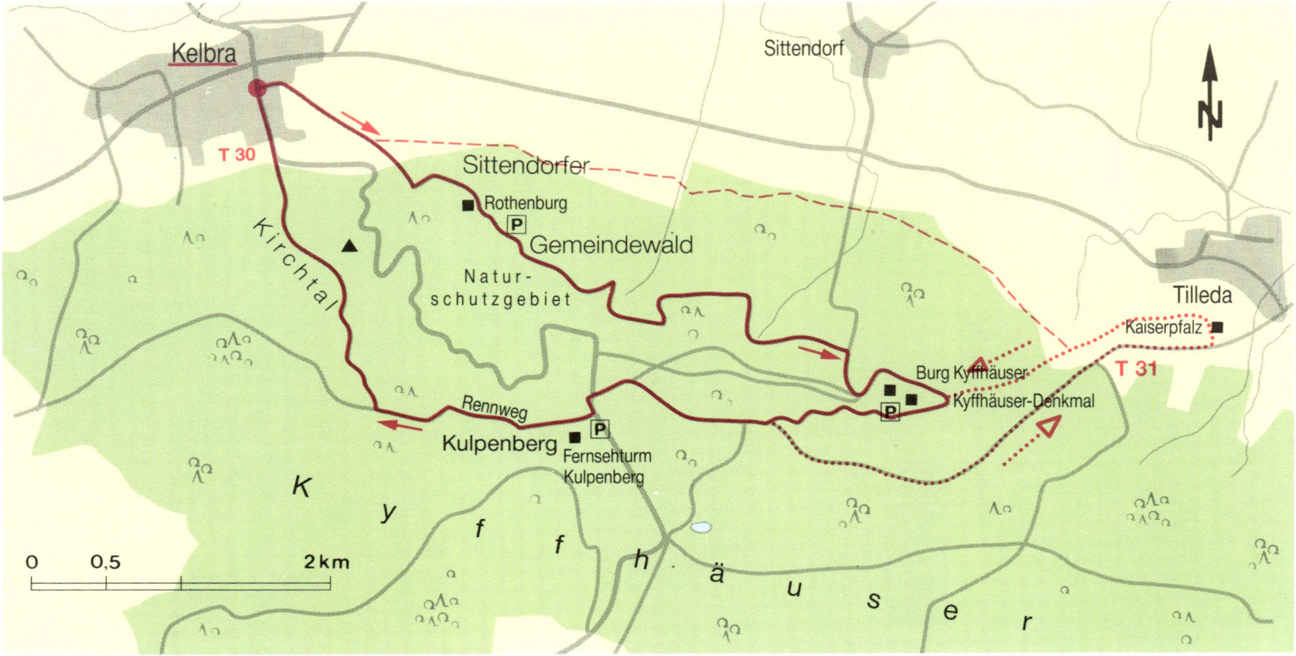
Kelbra
Sittendorf
T 30
Sittendorfer
Rothenburg
P
Gemeindewald
Kirchtal
Natur-
schutzgebiet
Tilleda
Kaiserpfalz
T 31
Burg Kyffhäuser
Kyffhäuser-Denkmal
P
Rennweg
Kulpenberg
P
Fernsehturm
Kulpenberg
Kyffhäuser
0
0,5
2 km

militaristische Ideologien war und auf deren Ruine 1897 das bombastische Kyffhäuser-Denkmal errichtet wurde (64 m hoch, Besteigung möglich, großartige Aussicht; daneben Museum und mittelalterlicher, 176 m tiefer Brunnen).

Das am Südrand des Höhenzuges auf Gips stehende *Bad Frankenhausen* (Zisterzienserinnen-Kloster 13. Jh., im 18. Jh. barock umgebaut; Anger mit alten Fachwerkhäusern; Gedenkstätte an den Bauernkrieg) nutzt von alters her die Solequellen aus den Salzlagern des Zechstein, früher für Salzsiederei, heute als Solbad. Die Erdfallbildung durch Gipsauslaugung verursacht im Ort Gebäudeschäden. 5 km westlich von Bad Frankenhausen liegt nördlich von Rottleben die *Barbarossahöhle* (1500 m lang, für Besichtigungen 800 m erschlossen).

Tourenbeschreibung Von *Kelbra* auf dem Hainweg (blaues x) zum Waldrand und hinauf zur *Rothenburg* (Naturschutzgebiet). Der Markierung folgend oberhalb des Parkplatzes links in östlicher Richtung weiter. Durch den *Sittendorfer Gemeindewald,* oberhalb der Quelle Heiligenborn vorbei, zur auf einem großen Bergsporn gelegenen *Burg Kyffhäuser* und zum *Kyffhäuser-Denkmal* (Aussicht; Museum).

Nun in westlicher Richtung über den Bergrücken, am angenehmsten auf einem der Fußwege neben der Straße, zum *Fernsehturm Kulpenberg.* Von dort auf dem Rennweg noch etwa 4 Kilometer in westlicher Richtung weiter, dann rechts durch das *Kirchtal* hinab nach *Kelbra.*

31 *Ausflug in die Geschichte* Tilleda – Königspfalz – Barbarossaweg – Burg und Denkmal Kyffhäuser – Tilleda

Verkehrsmöglichkeiten Regionaler Bus
Parkmöglichkeiten An der Königspfalz Tilleda.
Wegmarkierungen x bis Kyffhäuser-Denkmal.
Tourenlänge 7 Kilometer.
Wanderzeit Etwa 2 Stunden.
Höhenunterschiede 270 Meter.
Wanderkarte Kompass-Karte Südharz-Kyffhäuser 1:50 000.
Anmerkung Lohnende, gut beschilderte Kurzwanderung mit Besichtigungsangeboten. *Skizze siehe Wanderung 30 (gepunktet).*
Wissenswertes Die beim Obstanbauort *Tilleda* bis ins 12. Jahrhundert genutzte Pfalz der deutschen Könige/Kaiser ist Freilichtmuseum (im Juli Ritterspiele). Zu *Kyffhäuser* siehe Wanderung 30.

Tourenbeschreibung Von der *Königspfalz Tilleda* auf dem Barbarossaweg am *Mühlenmuseum* vorbei und zuletzt im Wald zum kaum zu übersehenden *Kyffhäuser Denkmal* und der Burg. Zurück zuerst Weg blau x bis ins *Lange Tal,* darin auf dem Kaiserweg (blauer Punkt) zurück nach *Tilleda.*

32

Unterwegs auf der sanften Seite des Harzes

Sangerhausen – Lengefeld – NSG Mooskammer – Karstwanderweg – Zwergloch – Großleinungen – Butterberg – Sangerhausen

Verkehrsmöglichkeiten Bahn Halle – Sangerhausen – Nordhausen.
Parkmöglichkeiten Am Ortsrand unproblematisch.
Wegmarkierungen Von Sangerhausen bis vor Lengefeld grüner Querstrich, von Lengefeld bis Karstwanderweg gelb, am Karstwanderweg Querstrich weiß-rot-weiß.
Tourenlänge 17 Kilometer.
Wanderzeit 4 Stunden.
Höhenunterschiede Insgesamt 350 Meter.
Wanderkarte 1:50 000 Der ganze Harz, KV-Verlag.
Anmerkung Kontrastreiche Rundwanderung vom industriell geprägten, in der Goldenen Aue gelegenen Sangerhausen zu einem reizvollen Teil des Karstwanderweges am Harzrand.

Sangerhausen, Marienkirche (© Rosenstadt Sangerhausen GmbH)

Sangerhausen, Rathaus (© Rosenstadt Sangerhausen GmbH)

Wissenswertes In *Sangerhausen* sehenswert das berühmte Rosarium (mit über 7 500 Rosenarten), die Jacobikirche (14./15. Jh., mit barocken Zubauten), St. Ulrici (1116–1123), das Rathaus (14./15. Jh.) und das Neue Schloß (Renaissance, ab 16. Jh.) sowie das Spenglermuseum (u. a. Skelett eines Mammuts und Austellung über den seit der Bronzezeit bis 1990 in der Region betriebenen Kupferbergbau).

Tourenbeschreibung In *Sangerhausen* aus dem Bahnhof kommend rechts durch die Lengefelder Straße etwa 600 Meter zur sie kreuzenden Morunger Straße und auf dieser rechts durch enge und finstere Bahnunterführung. Danach etwas rechts haltend durch Gewerbegebiet und in Sicht von alten Bergwerksanlagen zur Karl-Bosse-Straße. Dort von der im Talgrund in Richtung auf die riesige spitze *Halde* zu verlaufenden Straße beim Tierheim links einen steilen Weg (Markierung grüner Querstrich) hinauf und oben im Wald zum Bergrücken des *Schlößchenkopfes* (links Abstecher zum Moltketurm möglich). Hier geradeaus weiter hinab nach *Lengefeld.*

Nach der Kirche auf der Durchgangsstraße nach links und in Sicht des Ortsausganges in einer Doppelkurve in die zwischen den Häusern 75 und 76 abzweigende Seitenstraße. Kurz bevor diese nach rechts biegt, links abzweigend auf einen Feldweg. Dieser führt schräg links weiter zum Wald, darin über den Bergrücken und jenseits hinab bis kurz vor den Waldrand. Hier trifft man auf den Karstwanderweg (Querstrich weiß-rot-weiß).

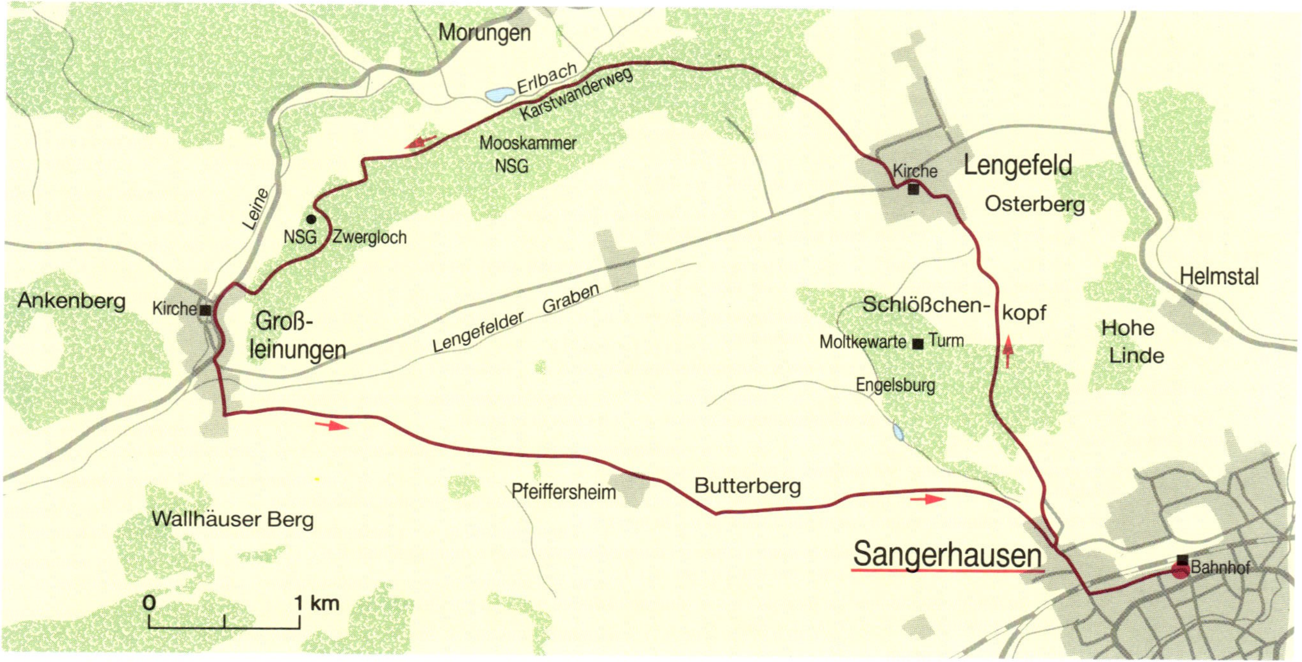
Morungen
Erlbach
Karstwanderweg
Mooskammer
NSG
Leine
NSG
Zwergloch
Ankenberg
Kirche
Groß-
leinungen
Lengefelder
Graben
Kirche
Lengefeld
Osterberg
Helmstal
Schlößchen-
kopf
Moltkewarte
Turm
Engelsburg
Hohe
Linde
Pfeiffersheim
Butterberg
Wallhäuser Berg
Sangerhausen
Bahnhof
0
1 km

Auf diesem links nahe am Waldrand unweit der Wiesenaue des Erlbaches durch das *Naturschutzgebiet Mooskammer* und in insgesamt gleicher Richtung schließlich zum *Zwergloch* (eindrucksvoll schroffer und tiefer Erdfall unterhalb vom Weg im Wald, Erläuterungstafel). Nun dem Weg weiter folgend ansteigen bis nahe an den Bergkamm und danach wieder abwärts nach *Großleinungen.* – Durch den Ort zum Südrand. Wo die Autostraße Richtung Lengefeld nach links biegt, geht man geradeaus weiter bis vor eine kleine Häusergruppe und dort nach links. Auf dem nach einem Brückchen ansteigenden Weg am unteren Rande eines Wäldchens aufwärts bis zum Kamm des *Wallhäuser Berges.* Auf dessen Rücken weiter zur Häusergruppe *Pfeiffersheim* und zur Kuppe des *Butterberges* (weiter Rundblick auf Goldene Aue, Kyffhäuser und Südharz). Die breite Schotterstraße in Richtung Sangerhausen einige Minuten abwärts, dann auf der links abzweigenden Schotterstraße stetig hinab zur Unterführung und nach *Sangerhausen.*

33 *Wiesentäler und Wassersport*
Wippra – Schmales Wippertal – Altes Wippertal – Wipperstausee – Wippra

Verkehrsmöglichkeiten Bahn bis Wippra, Bus ab Sangerhausen, Hettstedt und Harzgerode.
Parkmöglichkeiten An der Mündung des Tals der Schmalen Wipper.
Tourenlänge 22 Kilometer. **Wanderzeit** 5 Stunden.
Höhenunterschiede 130 Meter.
Wanderkarte 1:50 000 Der ganze Harz, KV-Verlag; auch Kompaß-Karte 1:50 000 Ostharz.
Anmerkung Ein Juwel von ruhiger Wanderung durch überwiegend liebliche Wiesentäler mit natürlichen oder naturnahen Bächen. Mit Variante über Dankerode 26 Kilometer (s. Skizze).
Wissenswertes In *Wippra* alte Brauerei, Bürger-Museum, Heimatmuseum, St.-Marien-Kirche (15. Jh.). 6 Kilometer talabwärts über die Wippra die Rammelburg der Grafen zu Mausfeld.

Tourenbeschreibung Von *Wippra* auf der Autostraße das *Wippertal* 2 Kilometer hinauf bis hinter die erste Brücke. Hier in das von rechts einmündende Tal der *Schmalen Wipper.* Darin auf Forststraße nach 1 Kilometer zu Furt und Fußgängerbrücke. Hinüber auf die Nordseite und dann unterhalb von Datschen auf Grasweg wenig oberhalb der Wiesen weiter zur ehemaligen *Kauf-*

Neudorf
Schmale Wipper
Litberg
418m
426m
N
nach
Harzgerode
Königerode
366m
B 242
nach
Mansfeld
B 242
368m
Unter-
mühle
Kästerberg
384m
378m
Braun-
schwende
Popperode
NSG
Ziegenberg
Variante
Dankerode
404m
Schiefergraben
Schmale Wipper
363m
ehemal.
Kaufmanns-
mühle
Veilchenkopf
395m
Neue Mühle
Hilkenschwende
Variante
Eichberg
Kurort
Wippra
374m
371m
Alte Wipper
396m
299m
Wippertal
Alte Wipper
P
Birkberg-
brücke
Wippertal-
sperre
Neuhaus
404m
Mühlberg
Arboretum
Hayda
Birkberg
378m
Rothaer Bach
0
1
2km

mannsmühle. An dieser rechts vorbei und den schmalen Fußweg gut 1 Kilometer weiter zum Beginn eines befestigten Weges. Auf diesem über den Bach (Schmale Wipper) zum Südufer. Daran entlang auf unbefestigtem Waldweg weiter (Richtung Königerode) nach etwa 3 Kilometern zu einer breiten Schotterstraße.

Auf dieser nach rechts, an der ehemaligen *Untermühle* und ehemaligen *Obermühle* vorbei und danach, kurz vor einem Stauteich, links auf breitem Forstweg hinauf. Er leitet später an Wiesen entlang bis zu ihrem Ende. In gleicher Richtung im Wald auf dem rechten, deutlicheren der beiden weiterführenden Wege aufwärts und nach 2,5 Kilometern zum Waldrand (Pavillon). Hier links den Weg am Waldrand entlang (roter Punkt und roter Querstrich) ein Seitental hinab zum Tal der *Alten Wipper.* Darin links hinab zum *Wipperstausee.*

An dessen Nordufer entlang mit hübschem Blick auf den gewundenen See zur Staumauer. Danach auf der Talstraße etwa 2 Kilometer abwärts zur *Birkbergbrücke.* Über die Alte Wipper (Arboretum im Elsternest) zur Südseite und dann auf ruhigem Waldweg mit Blick auf Bach und Wiesenaue weiter talabwärts auf dem Gesteins- und Naturlehrpfad »Knüppeldamm«, zuletzt wieder auf der Straße, nach *Wippra.*

Im Wippertal (© Richard Goedeke)

34 *Zum periodischen See*
Roßla – Karstwanderweg – Bauerngraben/Periodischer See – Questenberg – Wickerode – Roßla

Verkehrsmöglichkeiten Bahn Nordhausen – Berga – Roßla – Bennungen – Sangerhausen.
Parkmöglichkeiten Problemlos.
Wegmarkierungen Am Karstwanderweg weiß-rot-weißer Querstrich.
Tourenlänge 20 Kilometer.
Wanderzeit 5 Stunden.
Höhenunterschiede Insgesamt 360 Meter. Lange stetige Steigung von Roßla (150 m) bis Hoher Kopf (ca. 350 m), sehr steiler Abstieg auf Zickzackweg und Treppen von der Queste nach Questenberg (auf etwa 60 m).
Wanderkarte 1:50 000 Der ganze Harz, KV-Verlag.
Anmerkung Ruhige, weltabgeschiedene Rundwanderung, teils auf mehr oder weniger geschotterten Wirtschaftswegen, teils auf unbefestigten Gras- und Waldwegen, mit der ein besonders interessantes Teilstück des insgesamt 40 Kilometer langen Karstwanderweges (Heimkehle – Pölsfeld) von einer Bahnstation (Roßla) aus gegangen werden kann. Nach Regen teilweise rote Pampe.

Kürzungsmöglichkeit: Nach dem Bauerngraben entlang der Autostraße weiter in Richtung Roßla bis zur markanten Serpen-

Questenberg (© Richard Goedeke)

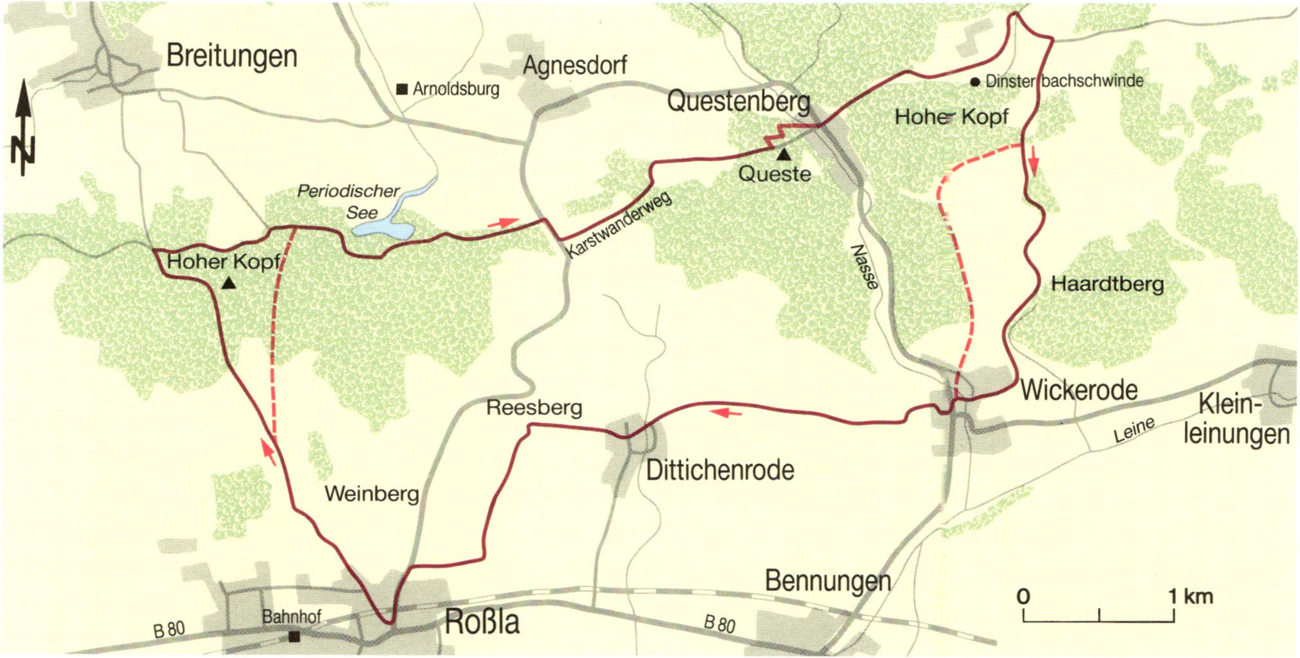
Breitungen
Agnesdorf
Arnoldsburg
Questenberg
Dinster bachschwinde
Hohe Kopf
Queste
Periodischer See
Karstwanderweg
Nasse
Haardtberg
Hoher Kopf
Wickerode
Klein-
leinungen
Leine
Reesberg
Dittichenrode
Weinberg
Bennungen
0
1 km
Bahnhof
B 80
Roßla
B 80
N

tine und von dort über Grasweg hinauf auf den Reesberg (dann 10 km, 270 m Höhenunterschied, 3 Std.). Der Besuch von Bauerngraben und Queste von der Autostraße aus ist jeweils eine hübsche Kurzwanderung von etwa einer Stunde Dauer.

Varianten: Anfangs direkter hinauf zum Bergkamm (Hoher Kopf), zuletzt auch rechts vom Tälchen mit schönen Ausblicken am Waldrand entlang (in Skizze gestrichelt).

Wissenswertes *Roßla* liegt am Rand der sehr fruchtbaren Goldenen Aue und ist außerdem als Industriedorf von allerlei Gewerbe geprägt. Klassizistisches Schloß (19. Jh.) der Grafen von Stolberg. Die Wanderung führt im südlichen Teil über die roten Tone des Unteren Buntsandstein, im nördlichen Teil über den verkarsteten Gips des Zechstein.

Der *Bauerngraben* ist eine große Hohlform, die durch den Einsturz unterirdischer, durch Auslaugung enstandener Hohlräume entstanden ist (Polje). Der hier in den unterirdischen Hohlräumen versickernde Bach wird in feuchten Zeiten und bei zeitweiliger Verstopfung der Schlucklöcher zu einem Periodischen See aufgestaut. Auch sonst zeigt das Gebiet alle Erscheinungen des Gipskarstes wie weitere Bachschwinden, Dolinen, Erdfälle, Karren und Höhlen. Bei Questenberg wurde früher in riskanter Bergwerksarbeit das an der Basis der Gipsschichten liegende Flöz von Kupferschiefer abgebaut.

Tourenbeschreibung In *Roßla* von der Bundesstraße 80 etwa 20 Meter links der nach Hayn ausgeschilderten Autostraße abbiegen in die (nicht ausgeschilderte) Breitunger Straße. Auf dieser über die Bahnlinie und zum Beginn eines Wiesentälchens mit Feldweg und Bach. Hier schräg links auf eingeschnittenem, anfangs geschottertem Feldweg aufwärts, immer in nordwestlicher Richtung weiter. Der Weg leitet oben rechts von einer bewaldeten Kuppe als Grasweg durch Plantagengelände. Danach in gleicher Richtung auf dem hier deutlicher eingeschnittenen, von Heckenrosen und Kirschbäumen gesäumten Weg hinauf in den Wald. Etwa 100 Meter hinter dem Waldrand bei Wegekreuz geradeaus und gleich danach bei Gabelung links weiter. Der Weg leitet im Bogen nach links aufwärts bis zum Bergrücken unweit westlich des höchsten Punktes des *Hohen Kopfes.* Hier geradeaus weiter in Hohlweg (links im Wald weitere alte Hohlwege) ziemlich steil hinab zur Kurve einer Forststraße. Dort trifft man auf den Karstwanderweg (Markierung weiß-rot-weißer Querstrich). Diesem rechts weiter folgend nach 2,4 Kilometern zum *Bauerngraben.* Entweder oben oder unterhalb um die eindrucksvoll schroffe Polje herum und dann im Wald weiter zur Autostraße Agnesdorf –

Roßla. Auf dieser rechts rasch hinauf zum Wanderparkplatz kurz vor der Höhe des Bergrückens.

Vom Parkplatz auf Grasweg zum Wald, dort bald nach links hinüber auf Weg einen steilen Hang queren zu einem Sattel. Von dort rechts über eine hübsche, von einzelnen Bäumen bestandene Graskuppe (am Gipfel ein offenbar schon seit Jahren ortsfester, verrottender Wohnwagen). In gleicher Richtung wie vorher fast weglos über den breiten Bergrücken abwärts zu Waldecke. Am Waldrand entlang und später in gleicher Richtung im Wald weiter zu einem breiten Sattel und steil hinauf zur schroffen Kuppe der *Queste* (Gipsfelsen und Kreuz). Vom Gipfel links steil hinab, auf Zickzackweg und Treppen, nach *Questenberg.*

Im Ort bei der *Gaststätte Thüringer Schweiz* links das Sträßchen in Richtung Hainrode aufwärts, nach etwa 1 Kilometer an der *Haselbornschwinde* und einige hundert Meter danach an der sensationelleren *Dinsterbachschwinde* vorbei (rechts vom Weg im Wald, unbedingt lohnender Abstecher) und zum tief eingeschnittenen *Dinsterbachtal.* Man quert den Talgrund auf der ebenen Straße mit einer großen Kurve und gelangt 300 Meter danach zu einer Wegabzweigung. Hier rechts (man verläßt hier wieder der Karstwanderweg) hinab in ein Tälchen. Immer auf dem geschotterten Weg im Talgrund abwärts, mit Blick auf idyllische, von Schafen perfekt geschorene Wiesenhänge, später an kleinen Gipsfelsen vorbei mit Blick auf die Goldene Aue, nach *Wickerode.*

Stolberg, treppenhausloses Rathaus von 1482 (© Michael Walke)

Im Ort etwa 200 Meter talabwärts der Kirche nach rechts die Feldstraße weiter (nach 200 Metern bei Wegekreuz links Abzweigung des Katzenstiegs, 1,4 km zum Bahnhof Bennungen). Hier geradeaus auf der breiten Straße mit weiten Ausblicken über die Bergkuppe und dann hinab nach *Dittichenrode.* Dort bei Kreuzung rechts und in westlicher Richtung auf schönem Grasweg mit Kirschbäumen hinauf auf die Kuppe des *Reesberges* (weiter Rundblick auf Harz, Kyffhäuser und Goldene Aue). Hier links zu Kirschenplantage und darin schräg rechts der Fahrspur folgend und auf Feldwegen hinab, zurück nach *Roßla.*

35

Unterwegs am alten Karstwanderweg

Rottleberode – Grasburg – Alter Stolberg – Heimkehle – Rottleberode

Verkehrsmöglichkeiten Bahn Nordhausen – Berga – Sangerhausen, Berga – Rottleberode – Stolberg
Parkmöglichkeiten In Rottleberode.
Wegmarkierungen Zuerst grünes Dreieck, später blaues x.
Tourenlänge 10 Kilometer. **Wanderzeit** Etwa 2 Stunden.
Höhenunterschiede 70 Meter.
Wanderkarten KV-Plan Der ganze Harz 1:50 000, Kompass Südharz/Kyffhäuser 1:50 000.

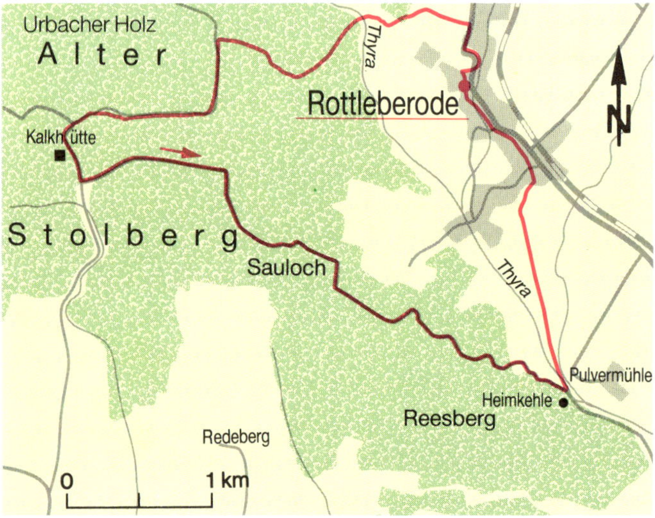

Anmerkung Laubwald- und Wiesenwanderung, teils über den alten Karstwanderweg.
Wissenswertes Der schon aus der DDR-Zeit stammende *Karstwanderweg* erläutert die Erscheinungen des Gipskarstes.

Nordhausen (sehenswert das Museum Meyenberg) wurde im Krieg als Zentrum der Rüstungsindustrie durch Bombenangriffe besonders schwer zerstört, wovon auch Baudenkmäler (u.a. Dom) stark betroffen waren. Die Rüstungsproduktion, bei der in großem Stile KZ-Häftlinge eingesetzt wurden, fand damals in zahlreichen Höhlen des Gipskarstes statt. Dis galt auch für die Heimkehle, die heute wieder als Schauhöhle zugänglich ist (700 von 1700 m begehbar, Karstmuseum). In dem Gebiet wird immer noch Gips in großem Stil abgebaut, obwohl die Rauchgasreinigungsanlagen wirtschaftlich durchaus nutzbare Gipse erzeugen.

Tourenbeschreibung In *Rottleberode* vom *Schloßteich* über Lehrpfad zur Ruine der *Grasburg*. Die Markierung grünes Dreieck führt nach etwa 1 Kilometer zu einer Querstraße. Dieser nach links folgend zur Kalkhütte (Hotel, früher Gipsabbau). Nun auf dem Karstwanderweg (blaues x) nach links zur *Heimkehle*. Auf Wiesenweg (roter Querstrich) zurück nach *Rottleberode*.

36

Vom Fachwerkstädtchen zum Monumentalgipfelkreuz

Stolberg – Moorberg/Holzchaussee – Großer Auerberg/Josephskreuz – Siebenwegekreuz – Stolberg

Verkehrsmöglichkeiten Bus von Nordhausen.
Parkmöglichkeiten Unbedingt nur vor dem Ort parken.
Wegmarkierungen Bis Holzchaussee grüner Punkt. Abstieg nach Stolberg rotes x.
Tourenlänge 9 Kilometer.
Wanderzeit 2–3 Stunden.
Höhenunterschiede Insgesamt knapp 300 Meter. Steiler Aufstieg von der Stadt (280 m) bis zur Höhe des Moorberges (471 m) und von der Holzchaussee (500 m) zum Gipfel des Großen Auerberges (580 m) bzw. zur Aussichtsplattform.
Wanderkarte 1:50 000 Wandern im mittleren Harz.
Anmerkung Kulturhistorisch und landschaftlich lohnende Wanderung zu einem der besten Aussichtspunkte des Harzes. Die Gaststätte Auerberg östlich der Gipfelkuppe ist auch mit dem Auto zu erreichen.

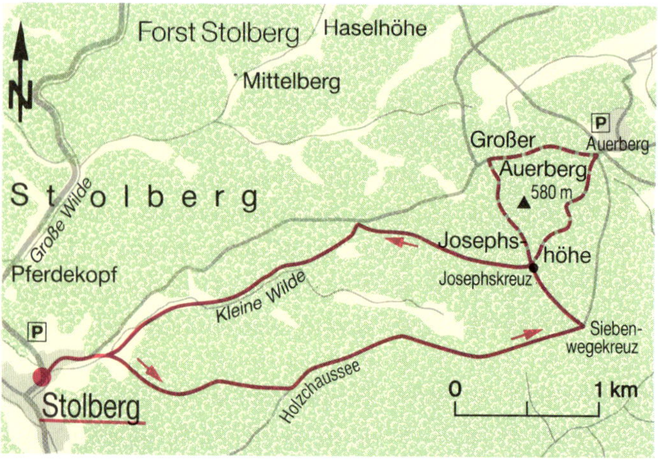

Wissenswertes Das bereits 794 als Bergbauort erwähnte *Stolberg* wurde durch seine reichen Erzvorkommen (Eisen, Kupfer, Silber, Zinn, Gold) schon im 13. Jahrhundert Stadt, die auch eigenes Münzrecht besaß. Später wurde die Weberei wirtschaftliche Grundlage für ein erheblich kärglicheres Auskommen. Der frühere Reichtum der Stadt ist heute noch erkennbar an Schloß (ab 12. Jh.), Rathaus (15. Jh.), Kirche St. Martini (rom., 14. Jh. got. Ergänzungen) sowie u. a. einer Fülle prächtiger Fachwerkbauten (Museum Altes Bürgerhaus, Heimatmuseum u. a.).

Die Gipfelkuppe des *Großen Auerbergs* besteht aus Quarzporphyr und ist im Perm als Vulkan entstanden. Die 38 Meter hohe, etwas gigantomanische Stahlkonstruktion des Josephskreuzes wurde 1895 nach der blitzbedingten Zerstörung der ursprünglich 1832–1834 nach einem Entwurf des bekannten Architekten Karl Friedrich Schinkel erbauten Holzkonstruktion erstellt und verlangt offensichtlich beachtliche Anstrengungen, die Umwandlung der 125 Tonnen Stahl in Rost zu verhindern. Die prächtige Rundsicht lohnt die Mühen des Aufstiegs.

Tourenbeschreibung In *Stolberg* auf der nach Osten führenden Straße an einem kleinen Friedhof mit zugehöriger Kapelle vorbei und kurz danach rechts über die Brücke und den steilen Weg hinauf in Richtung Moorberg/Holzchaussee (grüner Punkt). Auf der Holzchaussee links weiter (grünes Dreieck) etwa 4,5 Kilometer, bis links ein schmaler Fußweg hinaufführt zum Gipfel des *Großen Auerberges* (= Josephshöhe) mit dem nicht zu übersehenden *Josephskreuz.*

Auf dem Zufahrtsweg ein kurzes Stück abwärts, dann links den ausgelatschten Fußweg (Markierung rotes x) hinab zum *Siebenwegekreuz*. Hier schräg links hinab den Weg durch das enge *Zechental* zurück nach *Stolberg*.

37 *Am Ursprung des Selketales*
Güntersberge – Katzsohlbach-Tal – Breitenstein – Albrechtshaus – Güntersberge

Verkehrsmöglichkeiten Selketalbahn Gernrode – Güntersberge – Albrechtshaus – Hasselfelde.
Wegmarkierungen Breitenstein – Albrechtshaus rotes Dreieck.
Tourenlänge 12 Kilometer. **Wanderzeit** Knapp 3 Stunden.
Höhenunterschiede Insgesamt etwa 80 Meter.
Wanderkarte 1:50 000 Wandern im mittleren Harz u. a.
Anmerkung Hübsche, ruhige Rundwanderung durch den Wald und Wiesengelände auf der Harzhochfläche.
Wissenswertes Im obersten Selketal liegt 1,5 Kilometer nordwestlich vom Albrechtshaus die Ortsstelle der Wüstung *Selkenfel-*

de. Die Hohe Straße ist ein alter Handelsweg. Gut 1 Kilometer nordwestlich der Stelle, wo die Wanderung sie erreicht, befindet sich die einst zu ihrer Kontrolle errichtete Alte Schanze.

Tourenbeschreibung Von *Güntersberge* zum als »Bergsee« bezeichneten hübschen Badeteich und vom Südufer entlang dem *Katzsohlbach* das Tälchen aufwärts, zunächst am Waldrand, später zwischen den weiten Ackerflächen und dem Wiesengrund, nach *Breitenstein.* Durch den Ort hinauf bis zum Westende vor die Revierförsterei. Hier schräg rechts (Markierung rotes Dreieck) zum Wald und am Waldrand entlang zur Autostraße Breitenstein – B 242. Nach etwa 20 Metern gleich wieder schräg links abzweigen und im Wald den schmalen Fußweg (Markierung rotes Dreieck) weiter. Ein Tälchen queren und dann in gleicher Richtung wie vorher weiter zu einem zweiten Tälchen. Dieses entlang dem Bach zum *Albrechtshaus* und zum gleichnamigen Haltepunkt der Selketalbahn und zur B 242.

Die Autostraße überqueren und den Waldweg hinauf zur oben quer verlaufenden Hohen Straße. Auf dieser rechts, zuerst im Wald, später als Feldweg, zurück nach *Güntersberge.*

38 *Auf den Weiten der Ostharzfläche*
Hasselfelde – Stiege – Galgenberg– Hasselfelde

Verkehrsmöglichkeiten Stichstrecke der Selketalbahn bis Hasselfelde, Buslinien.
Tourenlänge 11 Kilometer.
Wanderzeit 3 Stunden.
Höhenunterschiede Insgesamt 100 Meter. Nur am Schenckenberg etwas steilerer Anstieg.
Wanderkarte 1:50 000 Wandern im mittleren Harz.
Anmerkung Angenehme Wanderung mit weiten Ausblicken über die alte Harzhochfläche.
Wissenswertes *Hasselfelde* ist ein alter Bergbau- und Hüttenort, der bereits 1222 Stadtrecht erhielt. Heute ist er Luftkurort mit einem »leichten Reizklima«.

Tourenbeschreibung Von *Hasselfelde* zum Bahnhof und danach auf Fußweg rechts am *Selkegraben* entlang aufwärts zum Waldschwimmbad *Neuer Teich* und auf die Autostraße (Gaststätte Waldkrone). Zwischen dem Bad und dem nächsten Teich links und am Waldrand entlang den Wiesenweg zu Schutzhütte an der Straße. Diese erst ein Stück nach rechts und dann bald wieder

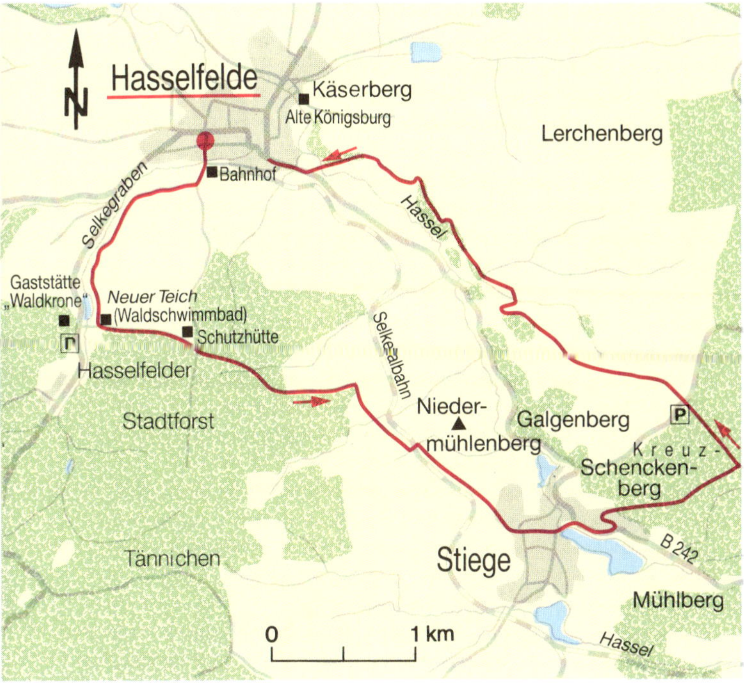

links ab (Markierung gelbes Quadrat). Durch den Wald, später am Waldrand entlang und zur Bahnlinie. Daran entlang, später auf der anderen Seite, nach *Stiege.*

Im Ort am unteren Teich vorbei zur Autostraße. Schräg gegenüber, 20 Meter links der *Gaststätte Burgstieg,* durch schmale Gasse und auf Zickzackweg mit Geländer (schöner Blick auf den Ort) steil hinauf zum Rücken des *Schenckenberges.* Dort nach rechts, am Sportplatz vorbei und zu Wegekreuz. Hier links in Richtung Allrode (rotes Quadrat) durch den Wald etwa 1,5 Kilometer bis zu Kreuzung mit quer verlaufender Forststraße. Auf dieser links zum Parkplatz *Pützwinkel* (am Galgenberg) an der Autostraße Stiege – Allrode. Über die Autostraße hinweg und in gleicher Richtung wie zuvor, mit weitem Blick bis zum zentralen Bergland mit Brocken und Wurmberg, ein Schottersträßchen abwärts zum Zeltplatz Stiege und zur Autostraße Stiege – Hasselfelde. Hier gleich wieder rechts, entlang der *Hassel* und danach links auf Grasweg an Wäldchen entlang, bis dieses nach etwa 1 Kilometer endet. Dort links hinab und nun nahe am Bach entlang weiter zurück nach *Hasselfelde.*

39 *Im Reich des Porphyr*
Ilfeld – Netzkater/Rabensteiner Stollen – Poppenberg – Ruine Hohnstein – Ilfeld

Verkehrsmöglichkeiten Schmalspurbahn Nordhausen – Ilfeld – Netzkater – Benneckenstein – Wernigerode. Auch über Stiege Anschluß an die Selketalbahn.
Parkmöglichkeiten Nördlicher Ortsausgang Ilfeld; am Netzkater.
Wegmarkierungen Zahlreiche Wegschilder. Aufstieg zum Poppenberg blaues x.
Tourenlänge 18 Kilometer. **Wanderzeit** 4–5 Stunden.
Höhenunterschiede Insgesamt 450 Meter. Steiler Aufstieg von Netzkater (350 m) bis Dreitälerblick (ca. 460 m) und an der Ruine Hohnstein (auf 70 m Höhenunterschied), steiler Abstieg vom Poppenberg (600 m) bis zum Hardtbach (300 m).
Wanderkarte 1:50 000 Wandern im mittleren Harz und Der ganze Harz, KV-Verlag.
Anmerkung Landschaftlich großartige Rundwanderung auf überwiegend angenehm schmalen Naturwegen, wie man sie im vom Forststraßenbau geschändeten Wandergebiet im niedersächsischen Teil des Harzes nur noch als Rarität genießen kann, zu einem markanten Aussichtsturm. Kürzungsmöglichkeiten: Verzicht auf die Besteigung der Ruine Hohnstein (dann 16,5 km, 30 m Höhenunterschied, 3½–4 Std.). Rückkehr vom Poppenberg zurück zum Forststraßenkreuz und dann links durch das Gottestal am Bielstein vorbei hinab (dann insgesamt 13,5 km, 300 m Höhenunterschied, 2½ Std.). Wenn man von Ilfeld mit der Bahn bis Netzkater fährt und die Wanderung erst dort beginnt, sind alle Routen 4 Kilometer bzw. 50 Meter Höhenunterschied kürzer.
Wissenswertes Das industriell geprägte *Ilfeld* liegt am Ausgang des Behretales, dessen aus Zechsteingips bestehendes südliches Vorland von gewaltigen Gipssteinbrüchen gezeichnet ist.

Die Wanderung führt über die Erhebungen am Rand des höher herausgehobenen Harzblockes. Dieses Gebiet ist aus vulkanischem *Porphyrit* und *Melaphyr* der Permzeit aufgebaut. Der flache Talboden am Netzkater ist durch Auffüllung eines Stausees entstanden, der durch einen nach der letzten Eiszeit niedergegangenen Bergsturz im Behretal aufgestaut war. An seinem Rande befindet sich direkt beim Bahnhof der Ausstrich eines Steinkohleflözes. In dem zu seiner Ausbeutung angelegten *Rabensteiner Stollen* ist heute ein Schaubergwerk eingerichtet.

Nördlich oberhalb von Neustadt ragt auf einem Bergsporn die malerische *Burgruine Hohnstein* auf. Die Porphyritfelsen im Behretal und Gottestal werden teilweise zum Klettern aufgesucht.

Tourenbeschreibung Am nördlichen Ortsende von *Ilfeld* hinter der Brücke der Bundesstraße 4 rechts oberhalb der Autostraße auf dem schmalen Wanderweg in Richtung Waldbad das *Behretal* aufwärts, an einigen *Porphyrklippen* und auch am Waldbad vorbei. Immer östlich der Straße bleibend etwas ansteigen bis zu einer breiten Forststraße und diese abwärts, bis sie wieder auf die Talstraße mündet. Einige Meter weiter, noch vor der Bahnlinie, wieder rechts und an dieser entlang zum *Bahnhof Netzkater* und *Schaubergwerk Rabensteiner Stollen.*

Links vom Stollen den Wanderweg im Wald steil hinauf. Nach etwa 500 Metern an einem Bergsporn rechts den schmalen Fußweg (Markierung blaues x und grüner Punkt) im Zickzack und später mit einer weiten Linksquerung hinauf. Bei einer Weggabelung links hinauf zum *Dreitälerblick* und den Weg weiter, unter der steilen Gipfelkuppe des Sandlünz nordseitig vorbei, zu einem Sattel. Nun auf der Südseite an der Kuppe des Rabensteiner Kopfes vorbei und danach auf den breiten Bergrücken. Auf

Ruine Hohnstein bei Neustadt (© Richard Goedeke)

diesem weiter zu einer Forststraße. Dieser in gleicher Richtung folgen, am Aussichtspunkt *Brockenblick* vorbei (Blick ins Brandistal) und weiter zu einem großen Forststraßenkreuz (rechts hinab die Straße ins Gottestal, siehe Kürzungsmöglichkeiten). Auf breitem Fahrweg weiter hinauf auf den *Poppenberg* (hoher eiserner Aussichtsturm, großartiger Rundblick).

Nun östlich auf schmalerem Weg etwa 500 Meter weiter. Dann rechts eine Schneise hinab (Wegschilder Neustadt und Ruine Hohnstein). Nach einigen Minuten links und den gut ausgeschilderten Weg immer etwa gerade hinab, an einer Wiese vorbei und danach ziemlich steil hinunter, eine Forststraße überschreiten und weiter steil hinab bis zur Straße fast im Grund des Tales. Nun diese Straße rechts in einem gewundenen Kerbtälchen hinab zu Wiesen (Blick zur Burgruine) und an einer Siedlung vorbei zu einer Asphaltstraße (Hochspannungsleitung). Auf dieser Straße abwärts, bis etwa 300 Meter nach einem rechts stehenden Transformatorenhäuschen links ein schmaler Weg in Richtung Ruine Hohnstein abzweigt.

Diesen schmalen Weg über den *Hardtbach* und zum Wald, danach links weiter aufwärts, am Rande einer schmalen, in den Wald reichenden Wiese entlang hinauf bis zu ihrem Ende. Von dort auf undeutlichem Weg durch den Wald schräg rechts ansteigen zu einem Bergsattel. Dahinter auf breitem Weg rechts hinauf zur *Ruine Hohnstein* (Mauerreste, Aussicht).

Wieder zurück zum Bergsattel. Dann rechts den Weg hinab. Bei Gabelung auf dem weniger steil abwärts führenden Weg weiter zu einem Wegekreuz. Hier rechts in Richtung »Ilfeld Waldweg« zuerst ansteigend weiter, dann im Bogen nach rechts zurück zu dem schmalen Weg, der über den Bach zur Asphaltstraße zurückführt.

Genau gegenüber der Abzweigung des Weges zur Ruine auf sehr schmalem Fußweg hinauf in den Wald. Dort den schmalen und undeutlichen, aber sehr angenehm zu gehenden Weg (Markierung grüner Querstrich und Wegschilder Ilfeld) etwa auf gleicher Höhe kurzweilig dahin, später etwas ansteigend zu einer in den Wald führenden Forststraße und auch danach dem fast eben weiterführenden schmalen Weg folgen. Er leitet im Bogen durch zwei tief eingeschnittene Tälchen und dann hinauf zu einem breiten Sattel (nördlich vom Großen Lienberg). Jenseits in Tälchen hinab in den Grund des *Gottestales.* Dort die Talstraße rechts einige Minuten hinauf zu einem großen Holzplatz. Hier links die Forststraße weiter, oberhalb von einer Siedlung entlang und schließlich zurück zum nördlichen Ortsrand von *Ilfeld.*

40 *Wo sich Fuchs und Hase Gute Nacht sagen*
Benneckenstein – Rappbodetal – Trautenstein – Tanne – Sorge – Benneckenstein

Verkehrsmöglichkeiten Harzquerbahn Wernigerode – Sorge – Benneckenstein – Nordhausen. Bus.
Parkmöglichkeiten In Benneckenstein.
Wegmarkierungen Grauberg bis Trautenstein gelbes Quadrat, Trautenstein bis Tanne grünes Quadrat.
Tourenlänge 17 Kilometer.
Wanderzeit 4–5 Stunden.
Höhenunterschiede Insgesamt nur etwa 100 Meter.
Wanderkarte 1:50 000 Wandern im mittleren Harz.
Anmerkung Reizvolle Wanderung durch Täler im Oberlauf der Bode. Kürzungsmöglichkeiten: Nach dem Grauberg Rückkehr auf dem Wirtschaftsweg entlang der Rappbode (dann 5 km, 1 Std.). Oberhalb von Trautenstein an der Waldecke links der Markierung grüner Punkt folgend direkt nach Benneckenstein (dann 13 km). Bei Rückfahrt mit der Bahn ab Sorge 12 Kilometer.
Wissenswertes Der alte Bergwerks- und Hüttenort *Benneckenstein* ist seit 1887 Luftkurort. Die sumpfigen Wiesen der Rappbode sind weithin Naturschutzgebiet. Südlich von Trautenstein im Dammbachtal hübsches Waldbad.

Staatsforst Elend
Buchhof
N
Eisernpfähle
Kuxlöcher
P
Silberkulk
Tanne
Reckental
B 242
B 242
P
Staatsforst
Heringstal
Waldbad
Bahnhof
Warme
Bode
P
P
Sorge
Hohegeiß
Staatsforst
Hartebruch
Grünegründchen
Alte Eiche
Sandbrink
Benneckenstein
Bahnhof
Benneckenstein
P
P
nach
Hohegeiß
P
Pfeiferberg
Rappbode
P
Rappbode
Grau-
berg
Hütte
Krugbergwasser
0
1 km

Heiligen-
kopf
N
Staatsforst
Silberkulk
Rappbode-
Vorbecken
Heckental
Heringstal
Flade
Hohegeiß
Giepen-
bachskopf
Trautenstein
Grünegründchen
B 242
Schieferkopf
Rappode
Dammbach
Butterkopf
Ochsen-
kopf
Hüttenkopf
Staatsforst
Rappbode
Grauberg
Dammbach
Hütte
Krugbergwasser
Benneckenstein
0
1 km

Tourenbeschreibung In *Benneckenstein* auf der Straße Unterstadt parallel zur Rappbode zum Ortsrand und weiter zu Teichen. Vor diesen auf das rechte Ufer und dort den Weg schräg am Wiesenhang des *Pfeiferberges* empor (schöner Rückblick auf den Ort) bis auf den Bergrücken. Jenseits weiter durch ein Tälchen und auf die Kuppe des *Grauberges* zu Wegeinmündung von rechts und Schutzhütte. Noch gut 100 Meter weiter zu einer schmalen Waldlichtung (Acker oder Wiese). An ihrem Rand nach links und von der hintersten rechten Ecke auf Grasweg weiter (gelbes Quadrat) und zuletzt steiler hinab in das *Rappbodetal* zu Wirtschaftsweg (hierher auch etwas kürzer oder monotoner von den Teichen direkt auf diesem Weg). Auf dem Weg rechts weiter zu Seitentälchen. Hier geradeaus über den Damm eines Teiches und danach links den Weg immer am rechten Rand des Talbodens der *Rappbode* – teils am Rand der Wiesen, teils etwas oberhalb im Wald weiter. Man quert die Gleise der Harzquerbahn und eine breite Forststraße und gelangt schließlich auf hübschem Grasweg nach *Trautenstein.*

Auf der Hauptstraße (B 242) im Ort bis vor die Brücke. Dort von der Bushaltestelle in die Tanner Straße und hinauf zu den oberen Häusern. Auf dem linken der beiden Wege (Schild) aufwärts, der teilweise von Eichen gesäumt ist und zu einer Waldecke leitet. Hier bei Weggabelung den rechten Weg (grünes Quadrat) weiter, zuerst über Wiese, dann im Wald immer geradeaus, nach 2 Kilometern über die B 242 und in gleicher Richtung nochmals 2 Kilometer weiter nach *Tanne.*

Rappbodetalsperre (© Richard Goedeke)

Auf der B 242 kurz nach rechts, dann den Schierker Weg links hinauf und oben links in die Straße Lindenwarte. Den Wiesenweg in gleicher Richtung mit weiten Ausblicken bis zum Wald, dort noch etwa 1 Kilometer weiter und dann auf Treppenweg hinab zur B 242, die man direkt bei der Brücke der Harzquerbahn überquert. Auf Fußgängerbrücke über die *Warme Bode* und links rasch nach *Sorge*.

Vom Bahnhof auf der Benneckensteiner Straße zuerst entlang der Bahnlinie, dann geradeaus durch den Wald zurück nach *Benneckenstein*.

41 *Vom höchsten Ort des Harzes zum Ebersberg* **Hohegeiß – Vorderer Ebersberg – Hahnestein – Hohegeiß**

Verkehrsmöglichkeiten Bahn bis Walkenried. Bus Walkenried – Zorge – Hohegeiß und Braunlage – Hohegeiß.
Parkmöglichkeiten Am Bechlerstein. Auch am nördlichen Ortsende von Hohegeiß.
Wegmarkierungen Sprungschanze bis Sattel vor dem Hinteren Ebersberg Rundweg blau, Horizontalweg bis Bechlerstein Rundweg rot.
Tourenlänge 9,5 Kilometer.
Wanderzeit Etwa 3 Stunden.
Höhenunterschiede 160 Meter. Steiler Aufstieg vom Bechlerstein (600 m) zum Vorderen Ebersberg (684 m), steiler Abstieg vom Hinteren Ebersberg (686 m) zum Horizontalweg (610 m).
Wanderkarte 1:50 000 Wandern im Westharz oder Wandern im mittleren Harz.
Anmerkung Zuerst schöne Ausblicke, danach Wege in meist hohem Fichtenwald. Autofahrer beginnen die Wanderung am besten beim Bechlerstein (7 km, 130 Meter Höhenunterschied, 2½ Std.).
Wissenswertes *Hohegeiß* ist die höchstgelegene Ortschaft im Harz und hat sich im Anschluß an eine Zisterzienser-Kapelle entwickelt. Unbedingt sehenswert sind die bis 450 Jahre alten »Dicken Tannen« (Rotfichten), 1 Kilometer westlich des Ortes. Im Ort die bekannte Kurzschule »Erlebnistage Harz«.

Tourenbeschreibung Vom nördlichen Ortsende von *Hohegeiß* zunächst auf Fußweg entlang der ehemaligen Grenze, nach etwa 500 Metern die Bundesstraße 4 queren und auf Weg zwischen Wiesen, später durch Wald, zum Parkplatz *Bechlerstein* (Schutz-

hütte, Grillplatz). In gleicher Richtung einen schmalen Fußweg über Grasschneise hinauf und an Steinbruch vorbei zur ehemaligen Skisprungschanze (Aussicht). Noch etwa 100 Meter auf einem Forstweg weiter, dann links mit dem Rundweg (blau) den Hang hinauf zum Gipfel des *Vorderen Ebersberges* (Aussicht).

Immer auf dem Kammweg nach etwa 2 Kilometern zum *Hinteren Ebersberg.* Etwa 50 Meter vor dem höchten Punkt biegt der Kammweg aus der Schneise nach links. Mit diesem Weg in einem Bogen nach rechts steil abwärts bis zu einem kreuzenden Grasweg. Dieser leitet links hinab zum befestigten *Horizontalweg.* Auf diesem links. Der Weg quert die obersten Bereiche von drei Tälern (im dritten der Hahnestein) und erreicht dann die aus dem Tal des Wolfsbaches heraufführende Asphaltstraße. Entlang dieser in 10 Minuten zurück zum *Becherstein.* Entweder zurück wie auf dem Herweg, oder über den nicht befestigten Wald- und Feldweg weiter rechts zurück nach *Hohegeiß.*

42 *Unterwegs an der versinkenden Grenze* **Zorge – Elsbachtal – Krödberg – Wendeleiche – Roter Schuß – Zorge**

Verkehrsmöglichkeiten Bahn bis Walkenried, Bus nach Zorge.
Parkmöglichkeiten In Zorge beim Kurhaus.
Wegmarkierungen Wendeleiche bis Roter Schuß roter Punkt, Roter Schuß bis Stiefmutter rotes Dreieck, Wegschilder.
Tourenlänge 10 Kilometer. **Wanderzeit** 3 Stunden.

Höhenunterschiede Insgesamt 400 Meter. Einige kurze steile Anstiege.
Wanderkarte 1:50 000 Wandern im Westharz.
Anmerkung Ruhige Kammwanderung im Bereich der ehemaligen deutsch-deutschen Grenze, mit schönen Ausblicken und tröstlichen Beispielen für das Verheilen dieser Wunde in der Wiedereroberung der Grenzanlagen durch die Vegetation.
Wissenswertes Der heutige Kurort *Zorge* war Bergarbeitersiedlung für Eisengewinnung. Der westlich des Ortes anstehende Roteisenstein wurde zuerst mit Holzkohle verhüttet (interessante Kurzwanderung Zorge – Pferdchen – Helenenruh – Jeremiashöhe – Zorge, 6 km). Die landwirtschaftliche Nutzung der Wiesentäler ist heute unrentabel geworden. Teils wachsen sie wieder mit Wald zu, teils wird versucht, die idyllischen Wiesen wegen Landschaftsbild und Blumenreichtum durch Förderung der Schafzucht zu erhalten.

Zorge lag zur Zeit der deutschen Teilung im unmittelbaren Grenzgebiet. Zwei alte Grenzsteine am Langenberg werden Schwangere Jungfer genannt nach einem Förster, der dort sich und seine schwangere Geliebte umgebracht haben soll. Die Wendeleiche war früher mit einer Wendeltreppe versehen, um als Aussichtspunkt zu dienen. Der Aussichtspunkt Roter Schuß liegt an der Oberkante der Abrißnische eines Bergrutsches im Rotliegenden (Perm). Das unterhalb sichtbare Ellrich war alter Handelsort. Zwischen Wendeleiche und Rotem Schuß sind als Reste alter Handelswege tiefe Hohlwege erhalten.

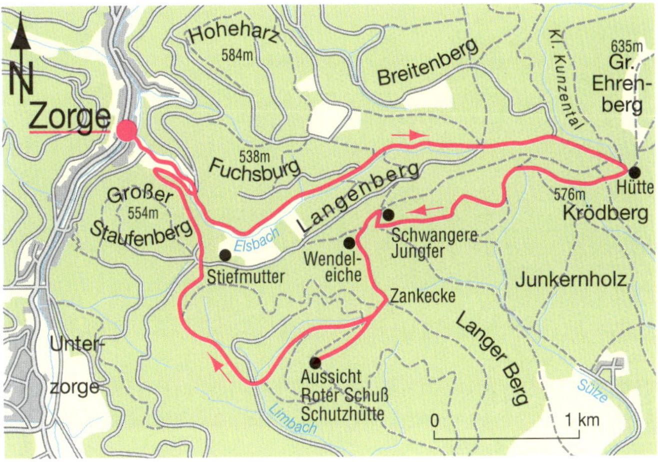

Der ehemalige Grenzstreifen ist wegen der jahrzehntelangen Brache durch Sukzession zu einem ökologisch wertvollen, artenreichen Biotop geworden, das als »Grünes Band« unter Schutz gestellt werden soll.

Tourenbeschreibung Von *Zorge* vom Kurhaus die gepflasterte Gasse *Elsbach* hinauf. Nach den Häusern auf schmalem Fußweg weiter zu Forststraße. Diese das ganze Tal hinauf, an der *Hundertmorgenwiese* vorbei, über einen flachen Sattel und abwärts ins oberste *Kunzental.* Rechts hinauf zum Wiesensattel südlich vom Großen Ehrenberg (allmählich wieder zuwachsende Grenzschneise, Schutzhütte).

Nun rechts auf dem Plattenweg zur Kuppe des *Krödberges* und weiter zur Kuppe des *Heiligenstock* (derzeit noch Aussicht zum Kyffhäuser). Auf der Grenzschneise den Kamm weiter verfolgen, zuletzt steil hinab zu einem Sattel (teilweise ist hier die Plattenstraße selbst schon wegen hübscher Bewachsung unpassierbar!). Nun links die Plattenstraße etwa 15 Minuten auf gleicher Höhe bleibend weiter verfolgen, zuletzt scharf rechts (Schild) den schmalen Weg hinauf zu den Steinen *Schwangere Jungfer.* Scharf links auf dem Bergrücken steil hinauf zur *Wendeleiche* auf dem Gipfel des *Langenberges* (586 m, Schutzhütte, Ausblick).

In südlicher Richtung steil hinab zu Forststraße mit Holzlagerplatz. Den rot markierten Weg hinab zu tief eingeschnittenem Hohlweg und auf dem Bergrücken bleibend anfangs steil hinab zu schönen Eichen und zur Aussicht *Roter Schuß* (Schutzhütte, Blick auf Ellrich).

Grenzschneise am Krödberg (© Richard Goedeke)

Wieder einige Minuten zurück aufsteigen und dann links den Weg hinab ins Tal des *Limbaches* zu Schutzhütte nahe dem Pfaffenborn. Auf der anderen Seite des Tales gleich wieder ansteigen (Markierung rotes Dreieck) und nach rechts hinauf zur Forststraße (100 m rechts Hütte) zum Sattel *Stiefmutter.* Hier bei Gabelung vor dem Großen Staufenberg rechts die Straße am Hang abwärts, zuletzt scharf rechts hinab ins *Elsbachtal* und zurück nach *Zorge.*

43 *Zum ehemaligen Horchposten des Kalten Krieges*
Wieda Steiger Stöberhai – Käseberg – Wieda

Verkehrsmöglichkeiten Siehe Tour 18.
Parkmöglichkeiten Nördlich vom Ortsende, etwa 80 Meter von der Abzweigung der Straße zum Stöberhai.
Wegmarkierungen Bis Stöberhai gelbes Dreieck und Rundweg rotes Dreieck.
Tourenlänge Etwa 8,5 km. **Wanderzeit** Etwa 3½ Stunden.
Höhenunterschiede Insgesamt 320 Meter. Nur mäßig steile Auf- und Abstiege.
Wanderkarte 1:50 000 Wandern im Westharz oder Wandern im mittleren Harz.
Anmerkung Der Stöberhai ist einer der hervorragenden Aussichtspunkte des südlichen Harzes. Lohnender Aufstieg auch über die am Osthang des Steigers entlangführende Forststraße (15 Min. länger).
Wissenswertes *Wieda* (ursprünglich Weida) wurde vom Zisterzienserkloster Walkenried aus gegründet und war auch seit dem 17. Jahrhundert wieder Hüttenort.

Auf dem *Stöberhai* steht noch ein monumentaler Turm mit Abhöranlage als Relikt des Kalten Krieges.

Tourenbeschreibung Am nördlichen Ortsende von *Wieda* (Richtung Braunlage) zweigt links die schmale Asphaltstraße zum Stöberhai ab. Auf dem Forstweg oberhalb dieser Straße am Hang des Steigers aufwärts, zuletzt auf dem Bergrücken zwischen Steiger und Stöberhai zum Gipfel des *Stöberhai* (Aussicht).

Auf dem Bergkamm zu den nahe dem höchsten Punkt befindlichen Militärrelikten und links davon zu einem nach links abzweigenden Fußweg (Richtung Bad Lauterberg). Diesen hinab und links am Hang des Jagdkopfes abwärts zum Forststraßenkreuz *Lärchenplatz* (Schutzhütte; Blick zur Odertalsperre).

Links auf Asphaltstraße 50 Meter zu einem kleinen Steinbruch. Hier rechts abzweigen und nach etwa 200 Metern zu einem weiteren Wegekreuz. Nun rechts (Markierung grüner Punkt) den breiten Forstweg auf dem breiten Bergrücken entlang. Nach etwa 1 Kilometer zweigt links ein weiterer breiter Forstweg ab in Richtung Wieda. Auf diesem hinab (Markierung grüner Punkt), bis man nach 2 Kilometern ein großes Wegekreuz (7 Straßen und Wege) erreicht. Hier geradeaus weiter, an der Kuppe des *Käseberges* links vorbei und hinab zum oberen Ortsende von *Wieda.*

44 *Zisterzienserkloster im Gipskarst* **Walkenried – Priorteich – Sachsenstein – Klosterruine – Walkenried**

Verkehrsmöglichkeiten Bahn bis Walkenried oder Bad Sachsa.
Parkmöglichkeiten Am Bahnhof Walkenried oder beim Affenteich. Auch wenig nördlich von den Hude-Eichen.
Wegmarkierungen Bis vor den Priorteich grünes Dreieck, Sachsenstein bis Höllstein roter Punkt.
Tourenlänge 7 Kilometer. **Wanderzeit** 2¼ Stunden.
Höhenunterschiede Insgesamt etwa 110 Meter. Nur kurze steile An- und Abstiege bei der Sachsenburg auf etwa 10 Meter.
Wanderkarte 1:50 000 Wandern im Westharz.
Anmerkung Die Wanderung durch das Naturschutzgebiet führt teilweise über schmale, holprige Pfade und ist sowohl landschaft-

lich als auch kulturhistorisch interessant. Wer den etwas heiklen Ab- und Aufstieg an der Sachsenburg scheut, kann die Bahnlinie auch dort überschreiten, wo man sie zuerst erreicht. – Zusätzlich zu der beschriebenen Wanderung wird auch der Besuch des östlich von Walkenried idyllisch gelegenen Itelteiches empfohlen. Karstwanderweg.

Wissenswertes Das *Kloster Walkenried* wurde 1127 von Zisterziensermönchen gegründet und war zeitweilig ein kulturelles Zentrum des Raumes. 1525 wurde es im Bauernkrieg zerstört. Die von den Mönchen angelegten Teiche bieten heute einer Vielfalt von Wasservögeln Lebensraum.

Am Sachsenstein und Höllstein sowie in der Umgebung des Itelteiches sind die Erscheinungen des *Gipskarstes* zu beobachten (Dolinen, Erdfälle; östlich vom Itelteich auch ein Höhlensystem unter dem »Himmelreich«, das vom Tunnel der Bahnlinie gequert wird).

Tourenbeschreibung Vom *Bahnhof Walkenried* steil hinauf zur Straße und links in wenigen Minuten zum *Affenteich.* An diesem links vorbei und vor dem *Priorteich* rechts abbiegen. Den Rundweg 1 (blau) am Ufer entlang zum Naturfreibad und auf unbefestigtem Weg am Rand der Niederung entlang zu den gewaltigen *Hude-Eichen.* Hier scharf links und über eine kleine Erhebung bis zur Bahnlinie. Vor dieser nach rechts in wenigen Minuten zur *Sachsenburg* (Mauerreste, Ausblick nach Bad Sachsa).

Etwa 30 Meter westlich der Mauerreste führt ein schmaler Pfad schräg links hinab über die steile Böschung zur Bahnlinie. Diese

wird überschritten (Achtung auf Zugverkehr) und ein kurzer steiler Anstieg führt auf die Oberkante der Gipsstufe. Immer einige Meter von der Abbruchkante entfernt (Vorsicht!) führt ein schmaler Pfad mit schönen Ausblicken auf die Niederung der Uffe und auf Bad Sachsa zur Kuppe des *Sachsensteins.*

Von der Schutzhütte über einen Weg links hinab in ein flaches Wiesental. Auf der anderen Seite am Waldrand entlang bis zu der Stelle, wo der Weg am Ende der Wiesen mit einem scharfen Knick nach links dicht an die Bahnlinie führt. Hier geradeaus weiter (links die 600 Jahre alte Sachseneiche). Etwa 50 Meter von der Sachseneiche entfernt zweigt links etwas versteckt ein Pfad ab. Er leitet leicht ansteigend oberhalb des Steilhanges über den *Höllstein* (Blick auf die Höllteiche und Walkenried). Schließlich steil hinab, am *Andreasteich* vorbei und über die Autostraße. Nun an einem weiteren Teich vorbei und um das Gelände der Gipsfabrik herum. So gelangt man zum Bahnübergang und zur *Klosterruine Walkenried.* Durch den Ort (teilweise schöne alte Häuser) zurück zum Ausgangspunkt.

45

Zu den Dolomitgipfelchen vor dem Harz

(Bad Sachsa) – Kolonie Tettenborn – Römerstein – Nüxei – Weißensee – Kolonie Tettenborn

Verkehrsmöglichkeiten Bahn bis Bad Sachsa-Neuhof. Bus Herzberg – Bad Lauterberg – Bad Sachsa, auch von Bad Sachsa nach Neuhof und Kolonie Tettenborn.
Parkmöglichkeiten Südseitig am ehem. Bahnhof Kolonie Tettenborn. Auch in Bad Sachsa und südlich von Nüxei.
Wegmarkierungen Von Tettenborn bis Römerstein schwarzer Punkt im gelben Kreis (Karstwanderweg).
Tourenlänge 6 Kilometer (von und bis Bad Sachsa 10 km).
Wanderzeit 2 Stunden (ab Bad Sachsa 3 Std.).
Höhenunterschiede Insgesamt 100 Meter.
Wanderkarte 1:50 000 Wandern im Westharz.
Anmerkung Interessante Einblicke in die kleingekammerte Gipskarstlandschaft des südlichen Harzrandes. Der Karstwanderweg führt von der Kolonie Tettenborn am Sportplatz und an Steinbrüchen vorbei weiter nach Neuhof (3 km, von dort Bus nach Bad Sachsa zurück) und nach Walkenried (siehe Wanderung 44).
Wissenswertes Der seit 700 Jahren urkundlich belegte Ort *Sachsa* war durch Fehlen besonderer Bodenschätze recht arm, bis er 1905 Kurort und durch Erschließung des Ravensberges auch Wintersportziel wurde. Am Pädagogium Schülerdenkmal.

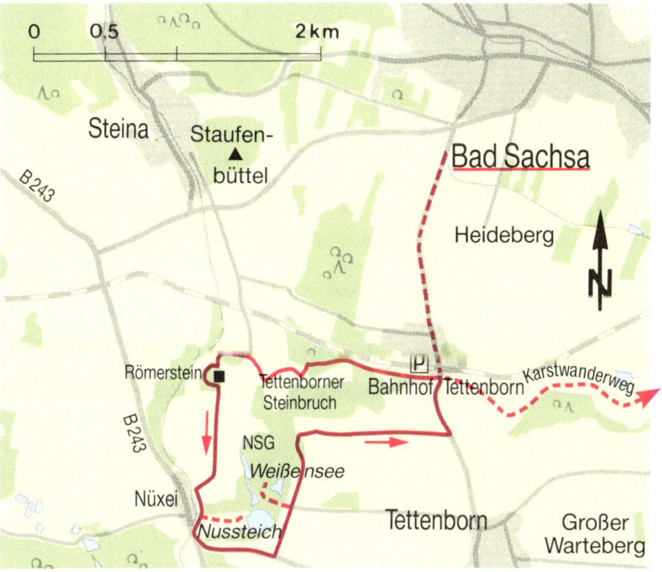

Der *Ravensberg* ist ein alter Vulkan. Die bis 30 Meter hohen Felsen des hübschen Kukanstales bestehen aus Felsitporphyr, einem Ergußgestein der Permzeit (260 Mill. Jahre alt). Das Gebiet der Wanderung ist aus Gips und Dolomit der Zechsteinzeit aufgebaut (etwa 240 Millionen Jahre alt, vgl. Schautafeln des Karstwanderwegs Osterode – Walkenried). Die weißen Dolomitklippen des Römersteins sind ein beliebtes Kletterziel. Der Weißensee liegt in einem durch Gipsauslaugung entstandenen Erdfalltrichter. Die »Kolonie Tettenborn« war ein Konzentrationslager zur Waffenproduktion in den Höhlen der Umgebung. – Im Dorf *Tettenborn* Grenzlandmuseum.

Tourenbeschreibung Von *Bad Sachsa* in Richtung Süden unter der Schnellstraße durch und zur Siedlung *Kolonie Tettenborn* und über die Bahnlinie. Nun rechts (Parkmöglichkeit) auf dem Karstwanderweg (schwarzer Punkt im gelben Kreis) auf Feldweg zuerst entlang der Bahn, dann durch Wäldchen um Teich herum, an Steinbruch vorbei und zwischen Feldern durch zur bewaldeten Kuppe des *Römerstein* (Schutzhütte). Rechts unter den Klippen entlang (von oben schöne Ausblicke), danach vom Südrand des Wäldchens auf Feldweg hinab (links unten renaturierter Gipssteinbruch) nach *Nüxei.*

Am Ort links vorbei (links Abstecher zum Nussteich möglich) und zur Autostraße. Bei Gabelung links in Richtung Tettenborn. Nach etwa 700 Metern entlang der Asphaltstraße leitet links ein Feldweg zum Wald. Hier links auf Weg Abstecher zum tief unten liegenden *Weißensee.* Auf dem Weg am Waldrand weiter bis kurz vor die gefräßigen *Tettenborner Gipssteinbrüche* (die auch den früher dort verlaufenden Wanderweg verschlungen haben). Nach rechts leitet ein Feldweg zurück zur *Kolonie Tettenborn,* über die Bahn und zurück nach *Bad Sachsa.*

46 *Vom Kneipp-Bad zum Badeteich*
Bad Lauterberg – Kirchberg – Grillental – Hohe Tür – Wiesenbeker Teich – Bad Lauterberg

Verkehrsmöglichkeiten Bahn bis Bad Lauterberg oder Scharzfeld. Bus Osterode Herzberg – Scharzfeld – Bad Lauterberg – Bad Sachsa und Bus Scharzfeld – Bad Lauterberg – Braunlage.
Parkmöglichkeiten Bei der Osterhagener Straße unterhalb der kath. Kirche am Beginn der Straße zum Wiesenbeker Teich.
Wegmarkierungen Teilweise Lehrpfad-Markierungen.
Tourenlänge 11 Kilometer. **Wanderzeit** Etwa 3¼ Stunden.
Höhenunterschiede Insgesamt 250 Meter. Steiler Aufstieg am Lehrpfad (von 330 m bis 540 m), steiler Abstieg von der Hohen Tür (439 m) zum Wiesenbek (350 m).

Oderstausee (© Kurverwaltung Bad Lauterberg)

Wanderkarte 1:50 000 Wandern im Westharz.
Anmerkung Die Wanderung verbindet den Besuch des Lehrpfades mit der Umrundung des Quellgebietes des Wiesenbeks. Am Talschluß (Grillental) empfehlenswerter Abstecher über alten Zickzackweg steil empor auf den Quitschenkopf (schöner Rundblick; etwa 30 Min. zusätzlich). – Am oberen Ende des oberhalb von Bad Lauterberg gelegenen Oderstausees bei der Erikabrücke reizvoller Campingplatz. Jugendherberge im Ort. Lift auf den Hausberg.
Wissenswertes *Bad Lauterberg* ist ein bekanntes Kneipp-Heilbad. Es gibt Spuren früheren Erzbergbaues. Im Luttertal wird noch heute Schwerspat abgebaut (auf den Halden nur mit Zustimmung der DBJ Mineraliensuche nach Schwerspat, Flußspat, Roteisenerz und Kupfererz möglich).
Die Hohe Tür bildet einen Teil der *Wasserscheide* zwischen dem Stromgebiet von Weser und Elbe.

Tourenbeschreibung In *Bad Lauterberg* bei der katholischen Kirche auf der schmalen Autostraße zum Wiesenbeker Teich etwa 200 Meter ansteigend im Wald hoch, dann scharf links auf dem Unteren Scholbenweg am Hang entlang zu Biegung (wieder oberhalb der Kirche). Wenig später zweigt rechts ein breiter Weg ab und führt am Wasserbehälter vorbei zum Beginn des Forstlehrpfades. Scharf rechts (Markierungen) über den *Kirchberg* und zum dahinter gelegenen Sattel *Bremer Ruh.*

Mit dem Lehrpfad schräg rechts am Hang hinauf und dann links steil ansteigend zu einem ebenen Weg. Nun mit diesem rechts am Hang entlang, immer in gleicher Höhe bleibend, oberhalb des

Wiesenbek-Tales und seiner sechs kleinen Seitentäler bis zum obersten Ende des *Grillentales.* – Auf der anderen Talseite weiter den Hang entlang, zuletzt abwärts zum Sattel *Hohe Tür.* Rechts hinab zum *Wiesenbeker Teich.* An dessen Nordufer entlang zur Gaststätte. Vom Staudamm des Teiches hinab in den Talgrund und darin zurück nach *Bad Lauterberg.*

47 *Über die Bergwiesen rund um den Sankt Andreasberg* St. Andreasberger Höhenweg: Jordanshöhe – Silberhütte – Jordanshöhe

Verkehrsmöglichkeiten Bahn bis Bad Lauterberg. Bus nach St. Andreasberg.
Parkmöglichkeiten An der Jordanshöhe am Kurhaus.
Wegmarkierungen Weiß H (Höhenweg).
Tourenlänge 18 Kilometer. **Wanderzeit** 3–4 Stunden.
Höhenunterschiede Etwa 250 m. Deutlicher Abstieg vom Matthias-Schmidt-Berg (603 m) nach Silberhütte (440 m) und deutlicher Aufstieg von Silberhütte zum Glockenberg (627 m).
Wanderkarte 1:50 000 Wandern im Westharz.
Anmerkung Durch den Kontrast zwischen Tälern und Hochfläche und zwischen Wald und Wiesen abwechslungsreiche Wanderung mit zahlreichen Ausblicken.
Wissenswertes *St. Andreasberg* war die höchstgelegene der freien Harzer Bergstädte. Relikte des Bergbaus sind in und um den Ort an vielen Stellen zu finden. Im Schacht Samson sind große Wasserräder und die einzige noch funktionierende Fahrkunst aus der Zeit des Harzer Bergbaus erhalten (Heimatmuseum). Im Zuge der Entwicklung zum Fremdenverkehrsort wurde besonders der Matthias-Schmidt-Hang südöstlich des Ortes zum Skizirkus (mit Sommerrutschbahn) ausgebaut. In der Ortsmitte Informationshaus des Nationalparks (Nationalparkverwaltung in Oderhaus). Am Parkplatz Jordanshöhe Exponate von Harzer Gesteinen im Stile der Megalithkultur.

Tourenbeschreibung Von der *Jordanshöhe* (nördlich des Ortes) in südöstlicher Richtung auf Wiesenweg zur Autostraße St. Andreasberg – Oderhaus. Diese überqueren und auf Straße hinauf zum Ortsteil *Oderberg.* Rechts auf Fußweg um die Kuppe des *Beerbergs* herum (Blick auf den Ort) und zum *Matthias-Schmidt-Berg.* Auf dem Bergrücken weiter, bis die Markierungen rechts über *Köhlergrund* und *Wäschegrund* hinableiten zum Ortsteil Silberhütte.

Blick auf Bad Lauterberg (© Kur- und Touristinformation, Bad Lauterberg)

Wiesenbeker Teich (© Kur- und Touristinformation, Bad Lauterberg)

Oberhalb davon auf dem Hüttenweg hinauf zum Glockenberg und links unter dessen Gipfelkuppe weiter zum Ort. Links im Bogen um die Kuppe des *Galgenbergs* herum und danach wieder auf Hangweg das *Sperrental* queren zum *Sieberberg*. Dort wieder rechts und auf Wiesenweg unter der Kuppe vorbei zurück zur *Jordanshöhe*.

48

Von Meeresriffen auf die Vulkanruine

Scharzfeld – Ruine Scharzfels – Hübichentalsköpfe – Großer Knollen – Mönchetal – Steinkirche – Scharzfeld

Verkehrsmöglichkeiten Bahn bis Scharzfeld. Bus Osterode – Herzberg – Scharzfeld – Bad Lauterberg – Bad Sachsa.
Parkmöglichkeiten Am Bahnhof Scharzfeld.
Wegmarkierungen Schilder zur Ruine Scharzfels und zum Großen Knollen, bis Großer Knollen grünes Dreieck, vom Großen Knollen bis Scharzfeld grüner Strich (selten; mehrere Wege so markiert).
Tourenlänge 16 Kilometer. **Wanderzeit** Etwa 5 Stunden.

Höhenunterschiede Insgesamt 440 Meter. Mäßig steiler Aufstieg vom Bahnhof Scharzfeld (250 m) zur Ruine (383 m) und vom Bremketal (390 m) zum Großen Knollen (687 m). Sehr steiler Aufstieg (auf 30 m) am Kleinen Knollen (631 m).
Wanderkarte 1:50 000 Wandern im Westharz.
Anmerkung Lange Wanderung, überwiegend im Laubwald.
Wissenswertes *Scharzfeld* ist ein trauriges Beispiel dafür, wie zerstörerisch für einen gewachsenen Ort und für einmalige Naturdenkmäler man eine Schnellstraße bauen kann.

Die 400 Meter lange *Einhornhöhle* verläuft im Zechstein-Dolomit und ist für Besucherverkehr zugänglich. Im Höhlenlehm wurden die Knochen eiszeitlicher Tiere gefunden.

Die Burg Scharzfels wurde 1131 erstmals urkundlich erwähnt und war im 17. und 18. Jahrhundert Staatsgefängnis. 1761 wurde die Burg nach einer Belagerung gesprengt. Der Ruinenfelsen kann von der Schloßberghütte aus bestiegen werden.

Die *Steinkirche* ist eine 25 Meter tiefe Dolomithöhle, die schon während der Eiszeit von Rentierjägern bewohnt wurde. Im 8. Jh. gestalteten sie frühchristliche Mönche zu einer Kirche um (Weihwasserbecken an der Nordseite, Altar an der Südseite). *Großer Knollen* siehe T 49.

Tourenbeschreibung Vom *Bahnhof Scharzfeld* rechts etwa 200 Meter entlang der Autostraße in Richtung Bad Lauterberg, dann scharf links auf einer Forststraße ansteigen und nach einer Biegung im Tal gegenüber vom Bahnhof unter der Straßenbrücke der Umgehungsstraße durch. Ansteigend zum Bergrücken und über diesen zur schon von unten sichtbaren *Ruine Scharzfels.* Auf dem breiten Bergrücken hinter dem Ruinenfelsen weiter, um die Kuppe des Herbstberges links herum zu Wegekreuz in einem Sattel. Links den Schildern Richtung Großer Knollen folgend am Hang des Bremketals weiter. Bei Weggabelung den rechten Weg hinauf zum Sattel vor dem *Hübichentalskopf.* Um dessen Gipfel links herum. Vom Sattel dahinter auf den *Großen Knollen* (Aussichtsturm mit sehr schönem Rundblick, Gaststätte; 2½ Std. von Scharzfeld).

Nach Westen (Schilder Richtung Herzberg) über den zuerst schmalen Bergrücken absteigen, nach etwa 10 Minuten zu einer

Juessee (© Richard Goedeke)

Sieber, Teilansicht des Abenteuerspielplatzes »Große Wiesen«
(© Stadt Herzberg, Foto: Jürgen Petersen, Bad Lauterberg)

Bad Sachsa, Rathaus (© Bad Sachsa Information, Bad Sachsa)

breiten Forststraße. Dieser abwärts folgen, um den Kleinen Knollen und später um den *Büstenkopf* herum. Danach bei einer Straßengabelung rechts und am Südhang von *Liethberg* und *Brandkopf* entlang (Quelle) zum Wegekreuz vor dem *Joachimskopf* (1½ Std. vom Großen Knollen). In gleicher Richtung wie vorher geradeaus weiter, an einer kleinen Wiese vorbei, durch ein kleines Waldstück und auf einem Feldweg das flache Wiesental hinab. Später links in das *Mönchetal* und kurz vor der Schnellstraße links etwas ansteigend zur *Steinkirche.* Unter der Straßenbrücke durch nach *Scharzfeld* und, am angenehmsten auf Nebenstraßen links der Hauptstraße, zurück zum Bahnhof.

49 *Von Sieber auf den Exklusivgipfel der Wanderer* **Sieber – Großer Knollen – Jägerfleck – Sieber**

Verkehrsmöglichkeiten Bahn bis Herzberg. Bus Herzberg – Sieber – St. Andreasberg.
Parkmöglichkeiten Großer Wanderparkplatz am Ausgangspunkt. Parkplatz beim Sägewerk Siebertal.
Wegmarkierungen Bis Großer Knollen Fernwanderweg X E 6, bis Jägerfleck rotes Dreieck.
Tourenlänge 10,5 km. **Wanderzeit** Etwa 4½ Stunden.
Höhenunterschiede Insgesamt 410 Meter. Steiler Anstieg vom Parkplatz (330 m) zur Knollenstraße und die letzten 100 Meter zum Großen Knollen. Mäßig steiler Abstieg vom Großen Knollen (687 m) zum Siebertal (305 m).
Wanderkarte 1:50 000 Wandern im Westharz.
Anmerkung Großartige, teilweise steile Wanderung, überwiegend im Laubwald. Der Knollen kann auch von Herzberg aus über den Grimmberg zum Jägerfleck bestiegen werden (rotes Dreieck).
Wissenswertes Der *Große Knollen* ist im südlichen Harz eines der beliebtesten Wanderziele. Er kann nur zu Fuß erreicht werden. Die Gipfelkuppe besteht aus Quarzporphyr, der als erstarrte Lava während des Rotliegenden (Perm) entstand. Früher wurde hier Roteisenerz abgebaut. – *Herzberg* ist benannt nach dem Welfenschloß auf dem Hirzesberg, gegenüber der Mündung der Bundesstraße 243 in die Bundesstraße 27. Schöne Fachwerkhäuser. Der im Stadtgebiet gelegene Jues-See (Freibad) ist ein durch unterirdische Auslaugung entstandener Erdfall.

◀ **Oberharzer Bergbaumuseum in Clausthal-Zellerfeld** (© Anja Schliebitz)

Tourenbeschreibung In *Sieber* beim Schwimmbad über die Brücke und zum großen Parkplatz (Adolf-Reicher-Platz) am Ausgang des *Tiefenbeektales.* Darin 400 Meter bergauf, dann rechts über den Bach ins *Gatzmanntal* und in Serpentinen hinauf zur *Otto-Hermann-Schutzhütte* an der Forststraße (Aussicht zum Acker, nach Herzberg und zum Knollen). Rechts auf dem breiten Forstweg (Knollenstraße) am Hang entlang in 10 Minuten zu einem Paß mit Wegekreuz. Rechts weiter um eine Kuppe herum und dann auf dem Bergrücken zum Fuß des *Großen Knollen,* dessen Gipfel mit einer Linksschleife erreicht wird (Gaststätte mit Aussichtsturm, umfassender Rundblick; 2 Std. von Sieber).

Vom Gipfel in Richtung Herzberg (Westen) über den zuerst schmalen Bergrücken hinab. Nach etwa 20 Minuten vom Großen Knollen erreicht man die Einsattelung *Jägerfleck* (Schutzhütte) vor dem *Höxterberg.* Hier rechts (nördlich) auf dem Invalidenweg schräg am Hang des Höxterberges hinab zum *Sägewerk Siebertal* (1 Std. vom Großen Knollen). Gleich beim Sägewerk rechts abbiegen und auf einem Grasweg (Fissenke) oberhalb des Sieberbaches talaufwärts zurück nach *Sieber.*

50 *Vom Auerwildgehege zu den Quarzitklippen*
Lonau – Braak-Berg – Haspelkopf – Hanskühnenburg – Mariental – Lonau

Verkehrsmöglichkeiten Bahn bis Herzberg. Bus Herzberg – Lonau.
Parkmöglichkeiten Im Mariental hinter dem Schwimmbad.
Wegmarkierungen Bis zum Braak-Berg Rundweg 3 blau, Bärengarten bis Hanskühnenburg blaues Dreieck.
Tourenlänge 14 Kilometer.
Wanderzeit 3–4 Stunden.
Höhenunterschiede Insgesamt 420 Meter. Mäßig steiler Aufstieg vom Parkplatz (400 m) bis Braak-Berg (630 m). Mäßig steiler Abstieg von der Hanskühnenburg (811 m) bis zum Teilungspfahl (740 m) und vom Jagdhaus ins obere Mariental.
Wanderkarte 1:50 000 Wandern im Westharz.
Anmerkung Lohnende Wanderung mit deutlichem Kontrast zwischen den geschützten Tälern und den rauen Höhen. Am Kamm des Ackers oft feuchte Wege. Wer die Wanderung kürzen will, geht hinter dem Braak-Berg mit Rundweg 3 nach rechts ins Mariental (dann 4 km, 1½ Std.).
Wissenswertes In *Lonau* bestand im 17. Jahrhundert eine Eisenhütte. Heute ist es ein ruhiger Luftkurort. Im Mariental werden in einem Gehege Auerhähne und -hennen gezüchtet, um sie wieder als freilebenden Wildbestand einzubürgern. – *Acker* siehe Tour 51.

Wanderbaude »Hanskühnenburg« (© Stadt Osterode am Harz/Foto: J.-J. Starosta)

Tourenbeschreibung Am nördlichen Ortsende von *Lonau* vom Parkplatz im *Mariental* beim Grillplatz in das *Hackenstieltal.* Auf der Forststraße hinauf bis zur Hütte. Dort auf Fußweg rechts vom Bach ansteigen. Später wieder auf das linke (westliche) Ufer und in Kehren empor zur Kuppe des *Braak-Berges.* Am höchsten Punkt rechts auf Forststraße vorbei zu einem Wegekreuz (rechts führt Rundweg 3 ins Mariental). Gerade weiter zum *Dresselplatz* (Bank) wenig später zur Ackerstraße (1 Std. vom Parkplatz).

Auf dieser links etwa 1,5 Kilometer zur zweiten von links heraufkommenden Forststraße (Bührmannplatz). Hier rechts auf Schneise und einen rechts abzweigenden Grasweg hinauf zum Fastweg auf dem Kamm des Ackers. Diesen nach rechts über die Erhebung des *Bärengarten* und danach am *Haspelkopf* und der *Seilerklippe* vorbei, mit wegen des Waldsterbens immer umfassenderen Ausblicken, zur *Hanskühnenburg* (Gaststätte mit Aussichtsturm; 2 Std. vom Parkplatz).

Rechts den breiten, gewundenen Lindnerweg hinab zum *Teilungspfahl.* Rechts auf der Ackerstraße in Richtung Osterode am Hang entlang. Nach etwa 30 Minuten rechts am Weg Brunnen und alter Denkstein mit Initialen. Noch etwa 10 Minuten weiter zum oberhalb der Straße gelegenen *Jagdhaus.* Gleich danach links einen schmalen Fußweg mit Treppen und Kehren steil hinab ins obere *Mariental.* Dort auf der breiten Forststraße hinab, am *Auergehege* vorbei, zum Parkplatz oberhalb von *Lonau.*

51 *Über die größte geologische Struktur des Harzes*
Stieglitzecke – Reitstieg – Hanskühnenburg – Teilungspfahl – Ackerstraße – Stieglitzecke

Verkehrsmöglichkeiten Bahn bis Goslar oder Osterode. Bus von Goslar und Osterode nach Clausthal-Zellerfeld. Bus Clausthal-Zellerfeld – Stieglitzecke – Sonnenberg. Die Bushaltestelle Stieglitzecke befindet sich genau auf dem Bergkamm.
Parkmöglichkeiten Große Parkplätze an der Harzhochstraße (B 242), 500 Meter westlich vom Bergkamm.
Wegmarkierungen Wegweiser.
Tourenlänge 13,5 Kilometer.
Wanderzeit Etwa $3^{1}/_{2}$ Stunden.
Höhenunterschiede Insgesamt 140 Meter. Sanfte Steigungen.
Wanderkarte 1:50 000 Wandern im Westharz.
Anmerkung Großzügige Wanderung im Nationalpark auf bequemen Wegen durch rauhe Nadelwald-Kammlandschaft. Der Kammweg (Fastweg) war der beliebteste (Ski-)Zugang zur Hanskühnenburg, ist jetzt jedoch gesperrt. Wer nur einen kurzen Eindruck vom Ackergebiet haben will, kann mit dem Rundweg 1 den Reitstieg verlassen, auf einem Bohlenweg den Kamm überschreiten und über die Ackerstraße zurückkehren (1 Std.). Die Streckenwanderung von Torfhaus über den gesamten Acker bis Osterode ist großartig (25 km).
Wissenswertes Der 18 Meter lange *Acker-Bruchberg-Höhenzug* fällt unter den Großformen des Harzes durch seine gleichmäßige Kammhöhe auf. Er besteht aus Quarzit, einer verfestigten Ablagerung von Meeressand der Karbon-Zeit (350 Mill. Jahre alt). Der Quarzit wird von der Frostsprengung stark angegriffen, deshalb sind Klippen selten. Statt dessen herrschen Blockmeere vor. (z. B. die Halden der Hammersteinklippe). Wegen der am Acker schon seit Jahrzehnten betriebenen natürlichen Verjüngung ohne Kahlschlag wechseln auf kleinem Raum Bäume verschiedener Altersklassen ab. Das gesamte Kammgebiet steht unter Naturschutz, der

allerdings hier besonders eindrucksvoll zur Farce geworden ist: Diese früher teilweise urwaldartigen Bereiche sind infolge der Luftverschmutzung durch Industrie, Kraftwerke und Autoverkehr durch sauren Regen, Nebelniederschlag und Versauerung der Böden inzwischen ein trauriges Beispiel katastrophalen Waldsterbens, bekämpft durch Kalkung von Hubschraubern aus.

Tourenbeschreibung Westlich von *Stieglitzecke* vom unteren, größeren der beiden Parkplätze, auf wenig ansteigendem Forstweg (Reitstieg), oberhalb der steilen Talhänge des Morgenbrodstales entlang. Bei Wegabzweigung geradeaus weiter, dann etwas abwärts, später wieder horizontal mit dem Reitstieg – immer am Rand des Waldschadens-Naturschutzgebietes entlang – weiter. Nach etwa 1¼ Stunden vom Ausgangspunkt kommt von rechts her der Weg von Kamschlacken (Markierung blaues Dreieck) herauf. Mit diesem weiter links ansteigend nach 20 Minuten zur *Hanskühnenburgklippe* (allseits schroffe Quarzitklippe), und wenig später zur *Hanskühnenburg* (Gaststätte mit Aussichtsturm, großartiger Rundblick). Links auf breitem Weg hinab zum *Teilungspfahl* und wieder links, immer der Ackerstraße folgend, zurück zum oberen Parkplatz westlich der Stieglitzecke.

52 *Vom Ort der ältesten Erzhütte auf den Acker*
Kamschlacken – Hühnerkopf – Hanskühnenburg – Riefensbeek – Kamschlacken

Verkehrsmöglichkeiten Bahn bis Osterode. Bus Osterode – Kamschlacken – Sperberhaier Dammhaus – Torfhaus.
Parkmöglichkeiten Am Nordende von Kamschlacken.
Wegmarkierungen Bis Hanskühnenburg blaues Dreieck. Von Hanskühnenburg bis Riefensbeek Hinweisschilder.
Tourenlänge 11 Kilometer. **Wanderzeit** Etwa 4½ Stunden.
Höhenunterschiede Insgesamt 470 Meter. Mäßig steil vom Waldrand (420 m) bis zum Hühnerkopf (572 m). Mäßig steiler Abstieg vom Grünen Platz (722 m) bis oberhalb von Riefensbeek (400 m).

Vom Aufstieg zum Acker oberhalb von Riefensbeek, Blick ins obere Sösetal
(© Richard Goedeke)

Wanderkarte 1:50 000 Wandern im Westharz.
Anmerkung Ruhige Waldwanderung, besonders in Kammnähe mit weiten Ausblicken.
Wissenswertes In *Riefensbeek-Kamschlacken* stand die älteste Erzhütte des Oberharzes.

Tourenbeschreibung Vom Parkplatz am Nordende von *Kamschlacken* auf der Sösetalstraße an den letzten Häusern vorbei zum Waldrand. Rechts über den Bach und am Bad vorbei zur Weggabelung am Ausgang des *Allertales.* Rechts ansteigend, nach etwa 200 Metern zu einer weiteren Weggabelung. Hier links, und kurz danach wieder rechts (immer der Markierung blaues Dreieck nach) am Hang des *Hühnerkopfes* aufwärts. Im Sattel hinter dessen Gipfel verläßt man die befestigten Forstwege und steigt über den Rücken des *Bösenberges* weiter an. Man kreuzt eine ebene Forststraße und steigt an, zuletzt entlang einer Wiese, zum Wegekreuz *Auerhahnplatz.* Nun schräg rechts den Weg hinauf zum breiten Kamm des Ackers und gemeinsam mit dem Fastweg an der *Hanskühnenburgklippe* vorbei zur *Hanskühnenburg* (Gaststätte mit Aussichtsturm; 2½ Std. von Kamschlacken).

Im rechten Winkel zum Kamm rechts (nordwestlich) den Steig über den Hang hinab zum *Grünen Platz* (wo links die Forststraße in die Rauhe Schacht hinabführt). Hier auf dem Bergrücken noch etwa 200 Meter weiter, dann rechts abbiegen (blaues Dreieck), und auf dem schmalen, mehrere Hangwege kreuzenden Fußweg immer gerade über einen Bergrücken hinab ins Tal *Große Schacht* (rechts die Wegegabelung Dreilinden).

Über die Forststraße und den Bach hinweg und am gegenüberliegenden Talhang schräg links ansteigend zu einem kleinen Sattel. Jenseits im *Kleinen Herrental* etwas rechtshaltend hinab, an einem Grillplatz vorbei, zum Waldrand.

Vor dem Parkplatz rechts, immer am Waldrand entlang. Im Tal hinter dem Fernsehumsetzer 50 Meter links hinab, dann rechts den breiten Rolandweg ansteigend weiter und oberhalb der Wiesen an Kamschlacken vorbei. Zuletzt wieder zum Waldschwimmbad und zum Parkplatz am oberen Ortsende von *Kamschlacken.*

53 *Unterwegs auf dem Wunderwerk der Bergleute*
Sperberhaier Dammhaus – Morgenbrodstaler Graben – Grabenhaus Rose – Dammgraben – Sperberhaier Dammhaus

Verkehrsmöglichkeiten Bahn bis Goslar oder Osterode. Bus nach Clausthal-Zellerfeld. Bus Clausthal-Zellerfeld – Dammhaus – Stieglitzecke – Sonnenberg – Braunlage.
Parkmöglichkeiten Beim Sperberhaier Dammhaus gegenüber der Einmündung der Straße von Altenau auf die Harzhochstraße. Auch an der Stieglitzecke und an der Straße Altenau-Dammhaus.
Wegmarkierungen Vom Großen Wehr bis zur Hammerstein-Baude blauer Strich (14 C). Bis Grabenhaus Rose Dreieck mit grünem Punkt und weißes X auf schwarzem Grund (Europäischer Fernwanderweg).
Tourenlänge 12 Kilometer. **Wanderzeit** Etwa 4 Stunden.
Höhenunterschiede Insgesamt 310 Meter. Steiler Aufstieg vom Großen Wehr (601 m) zur Hammersteinklippe (780 m).
Wanderkarte 1:50 000 Wandern im Westharz.
Anmerkung Die abwechslungsreiche Wanderung verbindet zwei der schönsten Grabenstrecken mit dem Besuch mehrerer Quarzitklippen.
Wissenswertes Der *Morgenbrodstaler Graben* wurde 1715 gebaut, um das von den Hängen des Ackers abfließende Wasser zu den Bergwerken von Clausthal zu leiten, wo es als Antriebskraft

für Fahrkunst, Förderkörbe und Maschinen benutzt wurde. Heute dient es zur Gewinnung von Elektrizität aus den Turbinen des 360 Meter tiefen Kaiser-Wilhelm-Schachtes, bevor es durch den Ernst-August-Stollen bei Gittelde der Innerste zufließt. Die einschließlich Zuflußstollen 26 Kilometer langen Tunnel werden zu den längsten Tunnelbauten der Welt gerechnet. Der Damm beim Sperberhaier Dammhaus wurde gebaut, um das in den Gräben gesammelte Wasser über eine Einsenkung des Bergrückens zur Clausthaler Hochfläche zu leiten. Alle diese Anlagen sind Teile des »Oberharzer Wasserregals« und stehen unter Denkmalschutz.

Tourenbeschreibung Vom Parkplatz gegenüber der Einmündung der Straße von Altenau etwa 50 Meter in Richtung Sonnenberg/Braunlage. Nun rechts am *Morgenbrodstaler Graben* entlang auf angenehmem Fußweg mit schönen Ausblicken ins Sösetal und zum Acker, nach 1 Stunde zum *Großen Wehr.* Links den steilen

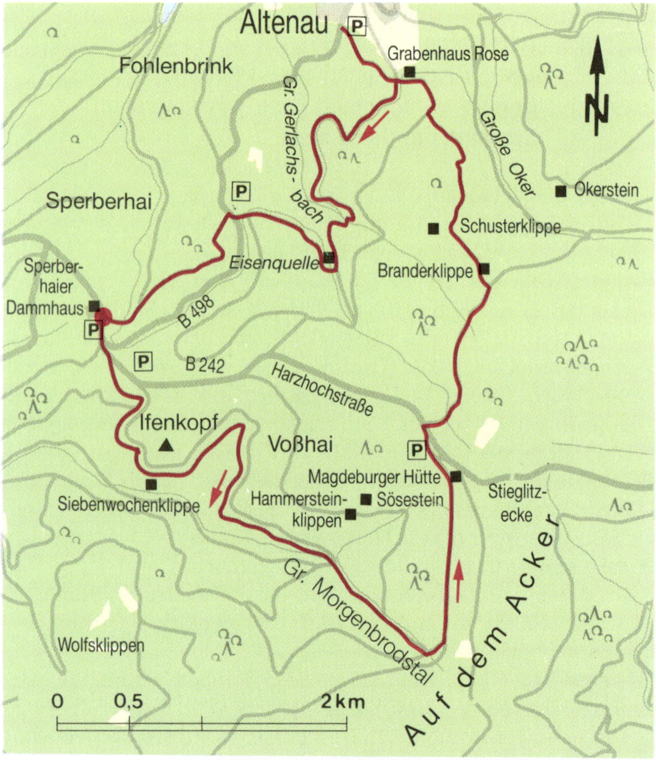

Weg oberhalb vom Talgrund des *Großen Morgenbrodstales* am Hang entlang empor. Unterhalb des Blockmeeres der Hammersteinklippe wird ein Forstweg gequert. Die Fortsetzung des Weges beginnt einige Meter weiter links. Rasch hinauf zum *Sösestein* (8 Meter hoher, allseits schroffer Felsturm). Weiter aufwärts zu Weggabelung. Links zur *Hammersteinklippe* (Geländer; schöner Blick auf Sösetal und Acker). Nun auf dem Bergrücken (Windräder) zum Parkplatz *Stieglitzecke* an der Harzhochstraße (B 242).

Links an der Autostraße 100 Meter abwärts. Dann auf der gegenüberliegenden Seite auf dem Branderweg nach etwa 20 Minuten zum Blockhaufen der *Branderklippe.* Davor links abbiegen und auf dem flachen Bergrücken links hinab. Nach 5 Minuten biegt der Weg kurz nach einer kleinen Gegensteigung nach rechts. Hier erst zu einem unbedingt zu empfehlenden Abstecher, 200 Meter nach links zur *Schusterklippe* (Aussicht). Wieder hinauf zum Bergrücken und dem Wanderweg weiter folgend hinab zum *Grabenhaus Rose* oberhalb von Altenau. Nun links immer am *Dammgraben* entlang, nach 30 Minuten zur *Eisenquelle* und wenig später, zuletzt mit Forstweg, zu einem Parkplatz an der Bundesstraße 498. Gegenüber vom Parkplatz in den Wald und auf dem Weg parallel zur Autostraße links zurück zum Parkplatz beim *Sperberhaier Dammhaus.*

54 *Im Freilichtmuseum des frühen Bergbaus*
Clausthal – Flambacher Teiche – Pixhaier Mühle – Nassenwieser Teiche – Clausthal

Verkehrsmöglichkeiten Bahn bis Goslar oder Osterode. Bus Goslar – Clausthal-Zellerfeld. Bus Osterode – Buntenbock – Clausthal-Zellerfeld. Stadtbus Clausthal-Zellerfeld unter anderem auch zur Pixhaier Mühle und nach Buntenbock.
Parkmöglichkeiten Am südlichen Ortsausgang von Clausthal in der Marie-Hedwig-Straße. An der Autostraße Clausthal – Osterode beim Hasenbacher Teich. In Buntenbock.
Wegmarkierungen Teilweise Hinweisschilder.
Tourenlänge 10 Kilometer.
Wanderzeit 2½ Stunden.
Höhenunterschiede Insgesamt 120 Meter. Sanfte Steigungen.
Wanderkarten 1:50 000 Wandern im Westharz.
Anmerkung Die Wanderung verbindet ein Dutzend der idyllischen Teiche der Harzhochfläche miteinander. Die Buslinien bieten eine Möglichkeit, sie bei Bedarf zu kürzen.

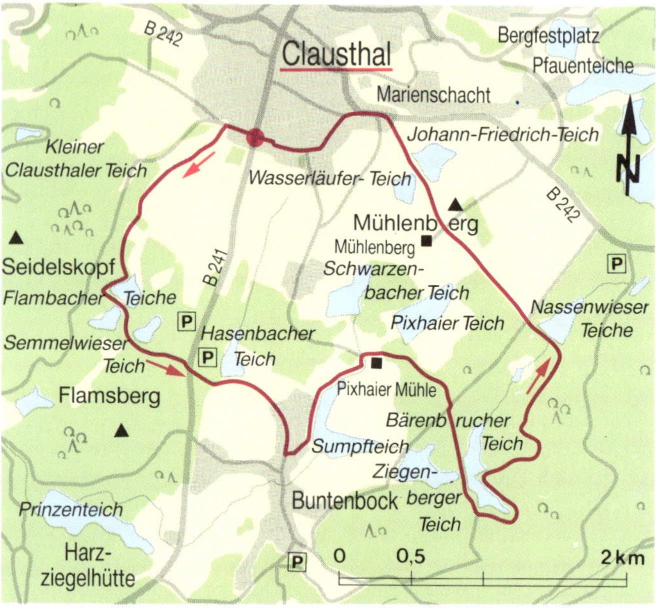

Wissenswertes *Clausthal* und *Zellerfeld* waren die bedeutendsten der Harzer Bergstädte, die als Bergmannssiedlungen Abgabenfreiheit und Stadtrechte erhielten, um Bergleute aus dem Erzgebirge anzulocken. Auch heute ist die jetzt zusammengewachsene Stadt geographisches und wirtschaftliches Zentrum des Oberharzes. Der Bergbau wurde nach Erschöpfung der Erzgänge eingestellt, prägt jedoch heute noch die Stadt (Technische Universität, u. a. mit der zweitgrößten Mineraliensammlung der Welt; Bergwerksmuseum). Die 66 Teiche in der Umgebung wurden als Wasserspeicher für die Bergwerke angelegt. Heute dienen sie als Trinkwasser-, Bade- oder Fischteiche. Im Gebiet um *Silbernaal* und die ehemalige Bleihütte kann man studieren, wie die Natur mit industriell ausgebeuteter und dann aufgegebener Landschaft fertig wird – oder nicht: Die kahlen oder nur mit kümmerlichem Heidekraut bewachsenen Halden sind durch Schwermineral-Anreicherung (Blei) für die meisten Pflanzen zu giftig. Dagegen sind die Grauwacke-Steinbrüche relativ rasch wieder mit Moos und Bäumen bewachsen.

Die Nutzung der Gebäude spiegelt den *Strukturwandel* von Industrie- zu Erholungslandschaft: Die Hamburger Alpenvereinshütte (Sepp-Ruf-Hütte, Silbernaal-Hütte) war früher ein Verwaltungsgebäude der Bleihütte, die Bremer Alpenvereinshütte (Kreuzbachhütte) ein Bahngebäude. Mit dem Verkauf der stillgelegten Bahnstrecke wurde die Chance einer Wiederbelebung dieses ökologisch schonenden Verkehrsmittels und auch die einer durchgehenden Rad-, Wander- und Skiverbindung vergeben. Positives Gegenbeispiel ist der Ostharz mit seinen (noch) intakten Schmalspurbahnen.

Tourenbeschreibung Kurz vor dem Ortsende von *Clausthal* in Richtung Osterode zweigt rechts die Marie-Hedwig-Straße ab. Nach 200 Metern beginnt links der Wanderweg. Zuerst zwischen Wiesen, dann am Waldrand entlang zu den schon lange sichtbaren *Flambacher Teichen.* Zwischen dem oberen und dem unteren Teich über den Damm und etwas rechts haltend zum *Semmelwieser Teich.* Über den Damm, jenseits eine kleine Asphaltstraße überschreiten und in gleicher Richtung durch den Wald über kleine Bergkuppe hinweg zum Parkplatz an der Bundesstraße 241.

In gleicher Richtung wie vorher abwärts, über den Damm des *Hasenbacher Teiches* und auf Wiesenweg zum nördlichen Ortsende von *Buntenbock.* Links zum Mittelweg. Rechts hinab zum *Sumpfteich* und links an dessen Ufer entlang zur *Gaststätte Pixhaier Mühle.* Rechts an der Mühle vorbei zur Straße vor dem *Pixhaier Teich* und rechts hinauf zum Campingplatz. Daran vorbei, 200 Meter auf der Asphaltstraße, bis diese nach links biegt. Hier geradeaus weiter, auf Damm zwischen *Ziegenberger Teich* und *Bärenbrucher Teich* zur Schützhütte.

Blick auf Osterode im Harz (© Stadt Osterode am Harz/Fremdenverkehrsamt)

Nun links am Ufer entlang um den südlichen Zipfel des Bärenbrucher Teiches herum, dann am mittleren Zipfel den Teich verlassen und den Weg weiter, bis er sich gabelt. Hier links am Wassergraben entlang zum Damm des oberen *Nassenwieser Teiches.* Über den hier trockenen Graben hinweg und die Böschung hinauf, dann über den Damm. Am anderen Ufer geradeaus weiter, über eine Straße hinweg und auf breitem Wiesenweg hinab in die feuchte Niederung. In gleicher Richtung links von einem schmalen Baumstreifen hinauf (blaues Dreieck) auf den *Mühlenberg.* Danach zwischen *Wasserläufer-Teich* und *Johann-Friedrich-Teich* über den Damm und auf Wiesenweg zum Ortsrand von *Clausthal.* Etwas links haltend auf der Straße *Am Schlagbaum* zur Osteröder Straße und zurück zum Ausgangspunkt.

55 *Von der Fachwerkstadt zum Trinkwassersee* **Osterode – Wüstentalskopf – Schacht – Sösestausee – Osterode**

Verkehrsmöglichkeiten Bahn bis Osterode. Bus Osterode – Sösetalsperre – Riefensbeek-Kamschlacken.
Parkmöglichkeiten An der Wildvogelstation.
Wegmarkierungen Anfangs und zuletzt Rundweg 3 rot.
Tourenlänge 13 Kilometer.
Wanderzeit Etwa 4 Stunden.
Höhenunterschiede 280 Meter. Nur mäßige Steigungen.
Wanderkarte 1:50 000 Wandern im Westharz.
Anmerkung Waldtäler, Bergkuppen und Blick auf Wasser, fast durchweg auf befestigten Wegen. Wer die Wanderung kürzer wünscht, folgt vor dem Wüstentalskopf dem Rundweg 3 rot steil hinab zum Sösestausee (dann 8,4 km, 2¾ Std.).
Wissenswertes Im 800 Jahre alten *Osterode* sind noch wesentliche Teile des mittelalterlichen Stadtbildes erhalten (zahlreiche alte Fachwerkhäuser, Reste von Stadtmauer und Burg), wenn auch heute die Nähe der Schnellstraße den Ort belastet. Die Entwicklung der Stadt wurde im Mittelalter vor allem durch ihre Lage am Ende der Alten Harzstraße begünstigt. Diese führte über die Bergrücken, weil die damals unbefestigten Wege dort einen festeren Untergrund fanden als in den Niederungen. Die Umgebung von Osterode ist auf der Südflanke des Tales der Söse von den Spuren des Gipsabbaues geprägt. Als eine besondere Rarität ist das Naturschutzgebiet Hainholz zu erwähnen. Es liegt auf halber Strecke zwischen Osterode und Herzberg etwa 3 Kilometer süd-

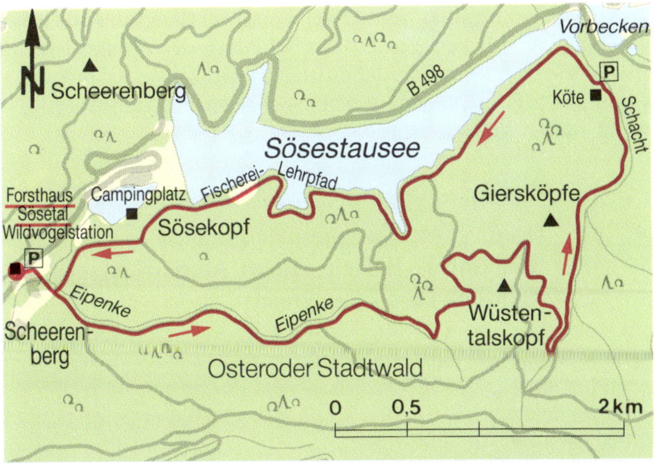

westlich der Bundesstraße 243 bei Düna im Vorland des Harzes und bietet eine sehr reizvolle Wanderung durch das letzte größere auch noch hydrologisch intakte Gipskarstgebiet Niedersachsens (mehrere große Laughöhlen – am bekanntesten die Jettenhöhle –, Erdfälle, Dolinen, Gipskarren usw.).

Die *Söse-Talsperre* war mit 25 Millionen Kubikmeter Fassungsvermögen, nach ihrer Fertigstellung im Jahre 1931, für mehrere Jahrzehnte die größte Trinkwassersperre Deutschlands (Fernwasserleitung über Hildesheim nach Bremen). Baden und sonstiger Wassersport sind im Sösestausee nicht gestattet.

Tourenbeschreibung Von der Wildvogelstation (etwa 1 km unterhalb des Hauptsperrdammes der Sösetalsperre und 1 km vom Ortsrand von Osterode entfernt) rechts über die Söse und in das hübsche *Eipenketal.* Die Talstraße aufwärts an der Einmündung des *Kuhdrecktals*, des *Großen Düsterntals* und der *Roten Hölle* vorbei. Nach 1 Stunde links über einen kleinen Bergrücken. Ansteigend ins *Große Wiental* und jenseits wieder am Hang schräg hinaus zu einem Bergsporn. Hier kreuzt der Weg Sösestausee – Hanskühnenburg die Forststraße.

Nun rechts mit dem Weg in Richtung Hanskühnenburg in etwa 10 Minuten zu einem kleinen Sattel, hinter der obersten Kuppe des *Wüstentalskopfes* durch und kurz danach zu einem befestigten Forstweg. Links abwärts an einer Jagdhütte vorbei zum Wegekreuz auf dem Bergrücken.

Hier scharf links und am Hang entlang ins *Große Lakental.* Auf der asphaltierten Talstraße hinab in die *Schacht* und ganz unten bei Wegegabelung links. Immer am Stausee entlang, ab und zu mit reizvollen Ausblicken, zuletzt den Schildern des *Fischerei-Lehrpfades* folgend, zum Staudamm der *Sösetalsperre.* Gleich links weiter abwärts, am Campingsplatz vorbei, zurück zum Ausgangspunkt an der Wildvogelstation.

56 *Im Reich des Zwergenkönigs Hübich* **Bad Grund – Hübichenstein – Albert-Turm – Spitziger Berg – Bad Grund**

Verkehrsmöglichkeiten Bahn bis Seesen. Bus Seesen – Bad Grund.
Parkmöglichkeiten In Bad Grund (zeitweilig schwierig). Am Hübichenstein. Am Taternplatz.
Wegmarkierungen Hübichenstein bis Iberg-Gipfel Rundwege 1 blau und 10 gelb. Iberg bis Taternplatz Rundweg 2 rot. Taternplatz bis Gewitterplatz Rundweg 12 gelb. Außerdem Hinweisschilder.
Tourenlänge 10,5 Kilometer.
Wanderzeit Etwa 3¾ Stunden.
Höhenunterschiede Insgesamt 390 Meter. Steiler Aufstieg vom Hübichenstein (411 m) zum oberen Iberg-Weg (etwa 530 m). Sonst nur mäßige Steigungen und Gefälle.
Wanderkarte 1:50 000 Wandern im Westharz.
Anmerkung Die Wanderung führt rund um den Talkessel von Bad Grund durch Buchen- und Fichtenwälder. Sie kann bei Bedarf, vom Hübichenstein, vom Schweinebraten oder vom Taternplatz aus, schon vorzeitig beendet werden, indem man jeweils das Tal in seinem Grunde absteigt.
Wissenswertes Das seit über 100 Jahren als Kurort bekannte *Bad Grund* war die älteste der Oberharzer Bergstädte. Teilweise wurden Gangerze (Bleiglanz, Zinkblende; bis 1985 noch in der Grube »Hilfe Gottes«) abgebaut, teilweise früher auch die gleichfalls entlang tektonischen Störungsflächen angereicherten Eisen- und Manganerze des Ibergs (vgl. die Sagen um den Zwergenkönig Hübich und die Bergleute). Eingänge zu alten, unverbauten Schächten finden sich unterhalb vom Hübichenstein und in großer Zahl am Iberg (Einsturzgefahr).

Iberg und *Winterberg* bestehen aus sehr reinem Kalkstein, der als Korallenriff im Devonmeer vor über 350 Millionen Jahren entstand. Das Kalkgestein ist durch Sickerwasser teilweise aufgelöst, so daß zahlreiche Höhlen entstanden sind. Die dem Besucherver-

kehr erschlossene Tropfsteinhöhle ist nur ein ziemlich bescheidenes Beispiel von den vielen, teilweise weit größeren und schöneren Höhlensystemen im Iberg und Winterberg. Diese Höhlen wurden zum Teil schon von Bergleuten bei der Erzsuche betreten, zum Teil erst von professionell ausgerüsteten Höhlenforschern entdeckt. Im Winterberg wird der Kalk mitsamt prächtigen Tropfsteinhöhlen in einem riesigen Steinbruch abgebaut, der im Laufe der nächsten Jahrzehnte den ganzen Berg aufzehren soll. Die zuständigen Naturschutzbehörden bleiben gegenüber dieser Vernichtung einmaliger und unersetzlicher Naturdenkmäler (die obendrein auf Dauer für den Fremdenverkehr genutzt werden könnten!) nach wie vor untätig. – Die sogenannten »Gletschertöpfe« am Gipfel des Iberges haben mit Gletschern nichts zu tun, sondern sind ebenso wie die Höhlen Karsterscheinungen.

Am Hang des *Königsberges* wird ein Arboretum (= eine Sammlung exotischer Bäume und Stauden) eingerichtet. Am sagenumwobenen *Hübichenstein* ist nur der hintere Gipfel über Treppen zugänglich, auf dem vorderen prangt ein Blechadler.

Tourenbeschreibung In *Bad Grund* vom Markt aus ins *Kelchtal* zum Schwimmbad. Rechts davon nahe am Waldrand ansteigend in 5 Minuten zur Wassertretstelle. Rechts am Hang des Königsberges

Bad Grund (© Kurverwaltung Bad Grund)

entlang (Arboretum im Aufbau) in 15 Minuten zum *Hübichenstein* (Treppe und Geländer).

Entlang der Bundesstraße 200 Meter nach rechts, dann mit Rundweg 1 (blau) und 10 (gelb) einen steilen Fußweg hinauf und später rechts haltend auf breitem Weg ansteigen. Zuletzt links auf die flache Bergkuppe und an den sogenannten *Gletschertöpfen* vorbei zum *Albert-Turm* (Aussicht, Gaststätte, Wald-Quiz-Pfad, Kinderspielplatz).

Mit Rundweg 2 (rot) auf der Turmstraße noch etwas ansteigend über den Bergrücken weiter und nach 500 Metern beim höchsten Punkt des *Iberges* rechts hinab zum Wegekreuz *Schweinebraten.* Gegenüber auf dem Bergrücken dem Schwarzewaldweg folgend (Rundweg 2 rot) über den breiten Kamm des *Spitzigen Berges* in 30 Minuten zum *Taternplatz.*

Über die Bundesstraße und schräg rechts auf zuerst wenig ansteigendem Forstweg (u. a. Rundweg 12 gelb) zum *Gewitterplatz* auf dem *Eichelberg.* Rechts der Forststraße nach hinab an der *Bremer Hütte* vorbei. Etwa 300 Meter hinter der Hütte am Beginn einer großen Rechtskurve geradeaus auf Fußweg weiter und rechts hinab zum *Schönhofsblick.* Links zum Pavillon und den Treppen und Wegen folgend hinab zur Kirche und zum Marktplatz von *Bad Grund.*

57 *Zu den Höhen am Westrand des Harzes*
Seesen – Schnapsplatz – Schnepfenplatz – Tränkebach-Hütte – Seesen

Verkehrsmöglichkeiten Bahn bis Seesen. Bus bis Wildpark.
Parkmöglichkeiten Östlicher Ortsausgang. Sternplatz.
Wegmarkierungen Bis zum Schnapsplatz und ab Tränkebach-Hütte bis Seesen Rundweg 2 rot.
Tourenlänge 11,5 Kilometer. **Wanderzeit** Etwa 4 Stunden.
Höhenunterschiede 390 Meter. Mäßig steiler Aufstieg von Seesen (265 m) bis zum Schnapsplatz (530 m). Mäßig steiler Abstieg von der Tränkebach-Hütte (530 m) zum Forellenstieg (270 m).
Wanderkarte 1:50 000 Wandern im Westharz.
Anmerkung Überwiegend Buchenwald, besonders im Kammbereich schöne Ausblicke. Lohnende Kurzwanderung: Sternplatz – Schnepfenplatz – Tränkebach-Hütte – Schnapsplatz – Öhrenbrunnen – Schnepfenplatz – Sternplatz (7 km, 2 Std.).
Wissenswertes Burgreste auf *Hausschildberg* und *Eickmühl*. – In *Seesen* Wilhelm-Busch-Museum, Heimatmuseum.

Tourenbeschreibung Hinter dem Kurpark *Seesen* vom Großparkplatz des Wildparks im *Granetal* und nach 500 Metern rechts weiter im idyllischen *Schnapstal* hinauf. Nach etwa 1 Stunde erreicht man am Bergkamm den *Schnapsplatz* (großes Wegekreuz, Aussicht).

Hier nur wenig rechts haltend weiter nach etwa 7 Minuten zum *Öhrenbrunnen* und anschließend zuerst abwärts, dann geradeaus

um den Großen Trogtaler Berg herum, zum in einem Sattel gelegenen Wegedreieck *Schnepfenplatz*. Rechts auf der Gegentalstraße am *Luchsstein* vorbei zur *Tränkebach-Hütte*.

Nun (wieder Rundweg 2 rot) das Tränketal hinab. Bei Steinbruch links über den Bach Abstecher zur *Hausschildburg* (Ruine; Blick ins Schildautal). Zurück ins Tränketal und am gegenüberliegenden Talhang entlang, um die Eickmühl herum zum ehemaligen Standort der Brauttanne (rechts Abstecher zum Eickmühl-Gipfel möglich). Danach, dem Rundweg weiter folgend, einen steilen Zickzackweg hinab. Nach Überschreitung der Autostraße und des Baches auf dem Forellenstieg (Hauptmann-Spazier-Gedenkstein) talabwärts zurück nach *Seesen*.

58 *Vom Bergbauort zum Westkamm*
Wildemann – Bärenhöhlertal – Schweinebraten – Grüner Platz – Hüttschental – Wildemann

Verkehrsmöglichkeiten Bahn bis Goslar oder Langelsheim. Bus Goslar – Langelsheim – Lautenthal – Wildemann – Clausthal-Zellerfeld.
Parkmöglichkeiten Am Ortsausgang in Richtung Lautenthal kurz hinter der alten Eisenbahn-Brücke.
Wegmarkierungen Wegweiser.
Tourenlänge 8,5 Kilometer. **Wanderzeit** Etwa 3 Stunden.
Höhenunterschiede 240 Meter. Nur mäßige Steigungen.

Wanderkarte 1:50 000 Wandern im Westharz.
Anmerkung Waldwanderung auf bequemen Wegen. Vom Grünen Platz aus wird empfohlen, noch den Bergrücken in Richtung Stundenbuche/Sternplatz hinaufzusteigen bis zum Bergsporn – schöne Aussicht (1,2 km und 100 m Höhenunterschied mehr).
Wissenswertes *Wildemann* wurde 1529 von sächsischen Bergleuten als freie Bergstadt gegründet und hat ebenso wie die anderen Bergstädte nach Erschöpfung der Erzvorkommen die Entwicklung zum Kurort vollzogen. Besucherbergwerk. Außerdem im Innerstetal zahlreiche Grauwacke-Steinbrüche.

Tourenbeschreibung Von der Kirche in *Wildemann* über den Rücken des *Gallenberges*. Später links am Hang entlang auf dem Birkenweg ansteigend ins *Gittelsche Tal*. Auf der Talstraße nach links um den Bergrücken herum ins *Bärenhöhlertal*. Dort 300 Meter aufwärts, dann über den Bach und jenseits ansteigend zum Wegekreuz *Schweinebraten* (1 Std.).

Rechts auf breiter Forststraße zum Wegekreuz *Spinne*. Halbrechts auf Weg hinauf zur Kuppe des *Hasenberges* und weiter zum *Decker-Berg*. Hier scharf nach links (alte Hohlwege) hinab zum Wegekreuz *Keller*. Auf der gegenüberliegenden Seite des Sattels rechts am Hang des Pferdekopfes entlang zum Wegekreuz *Grüner Platz*.

Rechts die Forststraße hinab durch das *Hüttschental*. Unten bei Weggabelung rechts und auf dem Glückaufweg (blauer Strich) immer oberhalb der *Innerste* entlang auf einem Fußweg (teilweise auch etwas ansteigend) zurück nach *Wildemann*.

59 *Blicke in die Vergangenheit*
Waldlehrpfad: Lautenthal – Dölbetal – Bielstein – Lautenthal

Parkmöglichkeiten Am Ausgangspunkt (von Norden kommend gleich hinter der Eisenbahnbrücke links die Straße nach 500 m über die Innerste).
Wegmarkierungen Schilder »Waldlehrpfad«.
Tourenlänge 4 Kilometer.
Wanderzeit 1½ Stunden.
Höhenunterschiede Insgesamt 200 Meter. Steiler Aufstieg vom Dölbetal (330 m) zum Bielstein (495 m). Mäßig steiler, teilweise auch steiler Abstieg nach Lautenthal.
Wanderkarte 1:50 000 Wandern im Westharz.

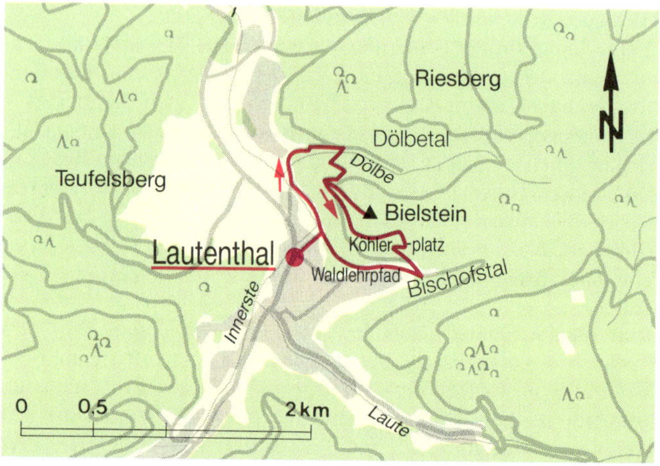

Wissenswertes *Lautenthal* wurde 1538 als freie Bergstadt gegründet. Der Erzbergbau wurde 1957 beendet, so daß Lautenthal nun ausschließlich Kurort ist.
Anmerkung Von der »Berg- und Hüttenschau« aus gibt es hinauf zum Maaßener Gaipel am Kranichberg einen Bergbau-Lehrpfad mit Informationstafeln und Anschauungsobjekten im 19-Lachter-Stollen Bergwerksmuseum.

Tourenbeschreibung Von der Innerstebrücke auf der Asphaltstraße zum Ausgang des *Dölbetales*. Auf dem Kiefernweg rechts talaufwärts. Nach etwa 10 Minuten rechts den Hang hinauf und zum Hangweg auf einen Bergsporn (Aussicht, Pavillon; wenig unterhalb Köhlerhütte und Modell eines Meilers). In Serpentinen weiter hinauf und zuletzt direkt auf dem Bergrücken zum Gipfel des *Bielsteins* (sehr schöner Rundblick). Vom Gipfel auf dem Aufstiegsweg wieder 50 Meter hinab, dann links am Hang entlang auf dem Waldlehrpfad weiter zum *Köhlerplatz* und ins *Bischofstal*.

Hier auf der Forststraße 50 Meter hinab zu einer Serpentine. Nun rechts auf einem Hangweg, kurz danach auf einem schmalen Pfad unterhalb des Hangweges am Hang entlang zum Waldspielplatz. Rechts haltend, steil hinab bis kurz oberhalb der Innerste. Rechts auf dem *geologischen Lehrpfad* (am Hang gefaltete Schichten des Devon, links alte Schürfstelle, Klippen aus devonischem Kramenzelkalk) zurück zum Ausgangspunkt.

60 *Zwischen Innerstesee und Granesee*

Wolfshagen – Altarklippen – Schäder-Baude – Burghagen – Wolfshagen

Verkehrsmöglichkeiten Bahn bis Goslar oder Langelsheim. Bus Goslar – Langelsheim – Wolfshagen.
Parkmöglichkeiten Hinter dem Waldschwimmbad Wolfshagen. Auch südlich der Ortsmitte von Wolfshagen, am Nordwestrand von Wolfshagen und an der Schäder-Baude.
Wegmarkierungen Waldschwimmbad bis Sommerbergstraße grünes Dreieck. Sattel oberhalb der Altarklippen bis zur Köte vor dem Schäder grünes Kreuz. Danach Rundwanderweg 3 rot bis Schäder-Baude. Weiter mit Rundweg 2 gelb bis Wolfshagen.
Tourenlänge 12 Kilometer.
Wanderzeit Etwa 4 Stunden.
Höhenunterschiede Insgesamt 310 Meter. Steiler Aufstieg vom Bad (300 m) bis zur Blankenburger Hütte oberhalb der Altarklippen (500 m). Mäßig steiler Abstieg vom Grünen Weg (500 m) bis zur Köte vor dem Schäder (410 m).
Wanderkarte 1:50 000 Wandern im Westharz.
Anmerkung Abwechslungsreiche Wanderung.
Wissenswertes Die Burg auf dem *Burghagen* wurde im 12. und 13. Jahrhundert zum Schutze von Bergwerks- und Hüttenanlagen errichtet. Seit 1890 ist Wolfshagen Luftkurort. Heimatmuseum. Östlich von *Wolfshagen* zeigt ein großer stillgelegter Grauwacke-Steinbruch ein Beispiel für eine gelungene Renaturierung.

Tourenbeschreibung Vom Waldschwimmbad mit der Markierung grünes Dreieck über den *Krähenberg.* Nach Überquerung der betonierten Varleystraße auf der Sommerbergstraße weiter (Dreieck) nach links empor. Einen Bergsporn, ein Tälchen und einen zweiten Bergsporn queren und zu einem Wegekreuz. Hier rechts in wenigen Minuten zum Bergsporn oberhalb der *Blankenburger Hütte* und der *Altarklippen* (Aussicht).

Rechts auf dem Grünen Weg (Markierung grünes Kreuz) etwa 700 Meter waagerecht am Hang entlang zum steilen *Bärental.* Gleich nachdem der Talgrund überschritten ist, rechts abzweigen und auf einem Weg schräg abwärts (grünes Kreuz) bis zu großem Wegekreuz. Über dieses geradeaus hinweg (grünes Kreuz und grüner Strich; nach 100 m links Köte) und mit kleinem Bogen nach rechts etwas ansteigend zu einem anderen Weg.

Diesen scharf nach links (Rundweg 3 rot) und etwas abwärts, später rechts haltend am Hang des Schäders entlang (Aussicht, Klippen) zu einem Bergsporn mit Schutzhütte und Felsklippe.

Nun in nördlicher Richtung abwärts zu einer Weggabelung und links hinab zur *Schäder-Baude* und zur Lautenthaler Straße. Über die Straße (links Wanderparkplatz) und mit Rundweg 2 (gelb) an einem Fischteich vorbei und zwischen Wiesen und Gehölzen zur *Wittenberg-Köte.*

Rechts durch den *Lärchengrund* und gemeinsam mit dem Lehrpfad zum *Burghagen* (links auf Anhöhe Reste der Burg; Blick zur Innerste-Talsperre). Weiter am Waldrand entlang bis vor den Kleinen Sülteberg und rechts hinab nach *Wolfshagen.*

Anschriftenverzeichnis

Deutsche Wanderjugend
Wilhelmshöher Allee 157–159, D-34121 Kassel

Verband Deutscher Gebirgs- und Wandervereine e. V.
Wilhelmshöher Allee 157–159, D-34121 Kassel

Touristenverein »Die Naturfreunde«
Bundesgruppe Deutschland e.V.
Hedelfinger Straße, 17–25, D-70327 Stuttgart

Harzklub e. V.
Bahnhofstraße 5a, D-38678 Clausthal-Zellerfeld

Harzer Verkehrsverband e. V.
Marktstraße 45, D-38640 Goslar

Weitere Veröffentlichungen

Erlebnisurlaub Harz
Reisetips, Rad- und Wandertouren und viel Wissens- und Sehenswertes. Von *Günter Ermlich* und *Richard Goedeke*.

Radwanderführer
Harz · Weser-Leine-Bergland
Die schönsten Rund- und Streckentouren in der Region zwischen Hannover, Magdeburg und Göttingen.
Von *Richard Goedeke*.

Wanderführer
Mark Brandenburg
Rund- und Streckenwanderungen auf den Spuren Theodor Fontanes.
Von *Hildegard* und *Wolfgang Frey* und *Manfred Feller*.

Wanderführer
Thüringer Wald
und Thüringer Schiefergebirge.
Rund- und Streckenwanderungen, der Rennsteigs in 6 Etappen.
Von *Hildegard* und *Wolfgang Frey*.

Wanderführer
Sächsische Schweiz
Rund- und Streckenwanderungen, Spaziergänge und Ausflugsziele im schönsten Teil des Elbsandsteingebirges.
Von *Norbert Forsch*.

Wanderführer
Fichtelgebirge
Die schönsten Rundwanderungen in der Nordostecke Bayerns zwischen Frankenwald, Oberpfälzer Wald und Erzgebirge.
Von *Heribert Schiller*.

Wanderführer
Rhön · Vogelsberg
Rund- und Streckentouren sowie Vier-Tage-Wanderung Hoher Vogelsberg.
Von *Norbert Forsch*.

Radwanderführer
Mark Brandenburg
Rund- und Streckentouren durch die charakteristischen Kleinlandschaften zwischen Elbe und Oder.
Von *Hildegard* und *Wolfgang Frey*.

Radwanderführer
Mecklenburg-Vorpommern
Rund- und Streckentouren um Schwerin, im Mecklenburgischen Hügelland Großseenlandschaft, Neustrelitzer Kleinseenplatte, Neubrandenburg.
Von *Hildegard* und *Wolfgang Frey*.

Radwanderführer
Thüringer Wald
und Thüringer Schiefergebirge Rund- und Streckentouren.
Von *Hildegard* und *Wolfgang Frey*.

Radwanderführer
Berlin und stadtnahes Umland
Rund- und Streckentouren.
Von *Reinhard Kuntzke*.

Bike & Rail – Mit Rad und Bahn von Berlin durch Brandenburg
Radtouren von Bahnhof zu Bahnhof.
Von *Hildegard* und *Wolfgang Frey*.

Erlebnisurlaub Rügen
Reisetips, Rad- und Wandertouren und viel Wissens- und Sehenswertes.
Von *Hildegard Frey*.

Erlebnisurlaub Thüringer Wald
Reisetips, Rad- und Wandertouren und viel Wissens- und Sehenswertes.
Von *Hildegard Frey*.

Deutscher Wanderverlag

Deutsche Wanderjugend DWJ

gemeinsam unterwegs

Die Deutsche Wanderjugend ist die Jugendorganisation des Verbandes Deutscher Gebirgs- und Wandervereine. Die jugendlichen Mitglieder von sechs bis 25 Jahren lernen aber nicht nur das jugendgemäße Wandern.
In der vielseitigen Gruppenarbeit werden Themen bevorzugt wie Laienspiel, Pantomime, Basteln, Werken, Diskussionen, Aktionen, Video und auch Volkstanz.
Ein wichtiger Bereich ist der Natur- und Umweltschutz. Die Gruppen betreiben aktiven Umweltschutz, messen den Säuregrad von Wasser und Boden, setzen sich tatkräftig gegen das Waldsterben ein, führen Naturschutzwanderungen durch, legen Biotope an. Wer mehr über uns, die DWJ, wissen will, schreibt an die

DWJ-Bundesgeschäftsstelle, Wilhelmshöher Allee 157–159
D-34121 Kassel